畅销版

国家计划生育政策调整，4+2+1家庭模式即将改变

二胎时代

你做好迎接第二个孩子的准备了吗

张蓉◎著

北京理工大学出版社
BEIJING INSTITUTE OF TECHNOLOGY PRESS

图书在版编目（CIP）数据

二胎时代，你做好迎接第二个孩子的准备了吗 / 张蓉著 . —北京：

北京理工大学出版社, 2014.10

ISBN 978-7-5640-9623-6

Ⅰ.①二… Ⅱ.①张… Ⅲ.①家庭教育 Ⅳ.①G78

中国版本图书馆CIP数据核字（2014）第192789号

出版发行/北京理工大学出版社有限责任公司

社　　址/北京市海淀区中关村南大街5号

邮　　编/100081

电　　话/（010）68914775（总编室）

　　　　　82562903（教材售后服务热线）

　　　　　68948351（其他图书服务热线）

网　　址/http://www.bitpress.com.cn

经　　销/全国各地新华书店

印　　刷/保定市中画美凯印刷有限公司

开　　本/710毫米×1000毫米　1/16

印　　张/11.75

字　　数/180千字

版　　次/2014年10月第1版　2014年10月第1次印刷

定　　价/29.80元

责任编辑/刘永兵

文案编辑/刘永兵

责任校对/周瑞红

责任印制/边心超

前　言

　　如果计划生育政策发生改变，你与你的另一半想再要一个孩子吗？

　　对于这个问题，相信超过一半的夫妻会给出一个肯定的答案。很多夫妻都想再要一个小宝宝，给身为独生子女的孩子增添一个成长的伙伴，但限于国家政策，这只能是一个梦想。现在，实现梦想的机会来了，国家计划生育政策的转变让我们步入了二胎时代！

　　但是，渴望生育二胎的夫妻们，你们真的准备好了吗？

　　很多人以为，抚养第二个孩子的过程只不过是把抚育第一个孩子的经历重复一遍，但其实抚养第二个孩子时，你将遇到更多从未经历的问题。比如，你要考虑自己的家庭是否需要第二个孩子，自己是否有抚养第二个孩子的能力；你要考虑自己的身体条件还经不经得起长时间的备孕，在生育之后自己的身体又能不能恢复元气；你要考虑第二个孩子与第一个孩子之间的关系，万一发生问题你又该怎么处理……

　　一切都向我们昭示着一个事实——生养第二个孩子并不是那么简单的事情。

　　正是因为生养第二胎不简单，坚定要二胎的夫妻才需要未雨绸缪，提前把可能遇到的所有问题都考虑清楚，准备好应急预案，一旦出现问题能够及时地找准对策。只有做好了这一点，才算得上一对合格的二胎父母。

　　生养二胎中的问题五花八门，准二胎父母如何才能做好充足的准备呢？打开这本书，你就能找到答案。

　　本书以二胎政策为背景，分别从生二胎之前的心理准备、生二胎时的身体准备、生二胎之后的教育准备等多个方面进行阐述，力求帮助读者对生育二胎后的生活有一个全方位的、透彻的了解。可以说，它是在帮助想要第二胎的父母做好生养二胎的课题准备。

　　二胎，这个令人神往的词汇，在作为梦想的阶段它很简单，但如果想要把梦想付诸行动，其过程必然是非常复杂的。对于这个过程中可能遭遇的种种问题，读者必须要做好心理准备。

　　在正在到来的二胎时代中，身体因素、经济因素、职业发展、与两个孩子的相处之道都会超过你对二胎的渴望因素，成为决定你二胎计划是否能够付诸行动、是否能够取得一个你想要的结局的关键要素。

目　录

第一章

DIYIZH

要不要二胎？这是一个很实在的问题。不要因为看到媒体宣传就要追随潮流，也不要屈从长辈们的压力。是否生二胎，你得站在各种角度把优劣对比之后再下决定。仓促地决定要和仓促地决定不要，这都是不负责任的行为，既是对自己的不负责，也是对宝宝的不负责。

ANG

先问问自己
为什么要生二胎

❤ 生与不生，不应该让潮流说了算

2013 年末，全国刮起了一股"爸爸去哪儿"的风潮。在大街小巷，你随时都可以听到"爸比，你会唱小星星吗""爸比，我要喝奶奶""你这个风一样的女子"等话语。一时间，亲子话题成为社会的热点。

还记得，2014 年 1 月 15 日，在"爸爸去哪儿"第二季的海选启动仪式上，天天爆料："妈妈可能还想要个马宝宝。"一时间，很多人将"二胎"看成了幸福的标志。刚好是本命年的"张小马"为大家"预报"了马年的潮流："马"上有钱不算什么，"马"上有没有官也无所谓，"马"上有二胎才是最幸福的!

2014 年 2 月 10 日，正值邓超 35 岁生日，他的妻子孙俪发微博为其庆生，并上传了自己携子同游的大肚照，宣布自己已经怀二胎的消息。"甄嬛娘娘"有喜，众粉丝纷纷留言恭喜，大有"同庆"之势。不仅是孙俪，马伊琍也有了自己的第二个宝宝，赵薇、海清也纷纷表示自己想要生二胎。经过娱乐圈的渲染和鼓噪，"生二胎"迅速成了一种潮流。

你可能也被这种风潮所感染，有想跟上潮流的冲动。不过，请先冷静片刻。对任何人来说，盲目地去追赶潮流本身就是一大禁忌。如果你不够冷静，你就变成潮流的受害者，也就是那些模仿别人，盲目跟风，最终伤害了自己的人。更重要的是，作为你追赶潮流的产物，你的第二个孩子是一个活生生的人，需要你花费一辈子的时间去养育、教导和关爱。因此，你更应该慎重地做出选择。

32 岁的王女士是一名工薪族，儿子今年 4 岁。她表示，虽然内心非常渴望再要个孩子，但是不敢要，骨盆狭窄让她在生儿子的时候吃尽了苦头，最终不得不选择剖腹产。王女士遭够了罪不说，还落下了病根。

比起疼痛来，让王女士觉得无法承受的还有那笔庞大的养育孩子的费用。刚结婚的时候，夫妻二人生活不算富裕但是情调十足。他们喝喝咖啡、看看电影，隔三岔五呼朋唤友唱唱歌下下馆子，兴致来的时候背上包就踏上火车，开始一段没有目的地的旅行。可是儿子的到来将这一切都毁了。

王女士计算了一下"养儿费"：生儿子时，在医院花了12 000元。儿子刚出生时5天喝一罐奶粉，而一罐奶粉需要300元左右；尿不湿每个月得上百元。除此之外，还有日常起居生活用品的开销。早教班是想都不敢想，孩子不生病跑医院就阿弥陀佛了。现在孩子大了，奶粉吃得少了，但是零食、衣服、玩具不能少，入托费也不能少。

钱还不是最让人烦心的，最主要的是生养孩子牵扯的精力太多，原来的二人世界被这个"第三者"搅得鸡飞狗跳，两个人全部的闲暇时间都得围在这个"第三者"的鞍前马后。

王女士冷静地说："一个孩子毁了我们的二人世界，我不能再让第二个孩子打乱我们稳固的三口之家、降低我们的生活质量吧！"

想得容易，做起来就难了。事实上，"要不要生二胎"不是潮流问题，而是现实问题。这些现实包括很多方面：母亲的身体状况、夫妻的精力、家庭的经济状况、教养孩子的花费等。如果你能做好心理调整，愿意为孩子付出时间、精力，并且有这个能力，那么生第二个孩子对你和你的家庭及即将到来的孩子来说，都是一件幸事。

听到可以生育二胎的消息，方先生高兴得跳了起来。他赶紧将这个好消息告诉妻子："我们终于可以再生一个了！"

方先生和妻子之所以想生第二个孩子，是因为听多了"都是独生子女惹的祸"这样的话。

方先生的同学老刘有个独生子，谁知12岁时得了骨癌，最后离世了。白发人送黑发人，就剩心碎了。老刘和妻子艰难地度过了丧子之痛，想着再要一个孩子。可那时，他们的年龄已经40多了，要孩子有困难，最后只好抱养了一个小女孩。

方太太的同事周姐是一位可怜的母亲。她只有一个女儿，被视为掌上明珠。女儿长到18岁，成绩优秀，前途光明。谁料，一个冬天的晚上，女儿从钢琴兴趣班离开后，就再也没有回来。是失踪还是被害，谁也给不了周姐答案。夫妻俩苦苦寻觅，都毫无讯息。做母亲的周姐一下子疯了，从此就受不得刺激。两个人年纪大了，不能再生，精神状况又不允许领养。几年后，由于女儿的这种失踪可以认定为死亡，居委会来销户口，周姐再次犯病·原本温馨的家，早已支离破碎。

这两件事给方氏夫妇极大的触动。他们下定决心，一定要生养第二个孩子。

很多夫妻考虑生育二胎，是有很现实的原因的。他们做出这个决定，是根据自己和家庭的实际情况。因此，他们相比于其他赶潮流的夫妻更能科学地、合理地安排好生养第二个孩子的事。

"生二胎"并不是件追逐潮流的事，它需要一对夫妻为此做出理性的思考，承担更多的责任。也就是，"要不要生二胎"这个问题没有一个·标准的答案。你只要确保你做的任何一种选择都不是一种盲从，而是综合考虑个人的生活、夫妻因素以及家庭的状况等诸多方面，并进行了理性的权衡，那么你的答案就是最适合你的选择。

想生二胎，只是因为太喜欢孩子

歌手李宗盛在《希望》里唱道："养几个孩子是我人生的愿望 / 我喜欢他们围绕在我身旁 / 如果这纷乱的世界让我沮丧 / 我就去看看他们眼中的光芒 / 总有一天我会越来越忙 / 还好孩子总是给我希望……"

这首歌道出了不少喜爱孩子的人的心声。很多夫妻向往着这样的生活：孩子们活泼可爱，围在自己的身边。他们脸上挂着天真无邪的笑容，如同父母的忘忧草。夫妻二人携手并进打造新天地，和一双儿女过着其乐融融的日子。

刘女士就是一位特别喜欢孩子的人。在未生育之前，她是幼儿园老师，因为在幼儿园可以跟更多的小朋友在一起玩耍。有了第一个孩子之后，刘女士对其他孩子的喜爱之情仍然不减。她和老公都想生二胎，但是当时的政策不允许。有一段时间，她甚至想领养一个孩子。

喜欢小孩的人无疑都特别有爱心，对孩子也特别包容。如果生育了第二个，在关怀和教育孩子方面应该没有大问题。

然而，现在需要考虑的是，夫妻双方是否都喜欢再生一个孩子。现实中，有的妻子喜欢孩子，但是丈夫因为工作压力或者养家负担，不太愿意再生孩子；或者有的家里，丈夫特别爱孩子，而妻子因为身体状况不太想要再生一个孩子。如果双方不沟通协调，一个人仅凭自己喜欢做决定，是对另一半和整个家庭的不负责。最好是夫妻双方认真沟通，并在都有生养第二个孩子的意愿后再做出决定。

左小青婚后生了个女儿，在农村多多少少还会有点长子长孙的老观念，很多人都劝她再生个孩子。但是，她和老公觉得两人年轻，不想让孩子牵绊，也就顶住压力将"二胎"的计划搁浅了。

10年后，左小青家的生意顺了，日子宽裕了，女儿也逐渐独立。左小青心里却空落落的。她异常怀念女儿半岁时肥胖胖的身躯、粉嫩嫩的小胳膊、咿咿呀呀学语的表情，以及"妈妈，抱抱"那犹如天籁般的童声。长大了的女儿还是依恋左小青，但左小青意识到自己明显已不是女儿生活的核心，她有同学、有朋友了。

意识到妻子特别喜欢孩子，左小青的丈夫就和她商量再生一个宝宝。不过两个人都担心女儿不能接受小宝宝，毕竟年龄悬殊。没想到，女儿竟然很自然地接纳了他们的第二个孩子，还不时地问妈妈："小弟弟什么时候出来？"小宝宝出生后，女儿还像个小大人一样帮左小青照顾第二个孩子，时常问："我小时候也这样吗？"

拥有一儿一女，是很多人的梦想。左小青很庆幸自己拥有了这人生的"好"字，她感觉，拥有两个宝贝像是拥有了全世界！现在，看着姐弟俩开心地一起玩耍，听着小儿子叫着"姐姐"，两人发出"咯咯咯"的笑声时，左小青觉得这就像一串美妙动听的音符，让你怎么听都听不够。

看着可爱的孩子、幸福的家庭，左小青觉得自己克服种种不利因素生育二胎是值得的。

刚刚出台的"二胎"新政策，引得不少条件相对宽松的人士浮想翩翩，想要在生儿育女的问题上跃跃欲试。在不久的明天，因为二胎而带来更温馨的家庭生活恐怕就不仅仅是梦想了。如果你和你的配偶也特别喜欢孩子，希望组建一个温馨的四口之家，那么希望你们能一起努力。

只因一个孩子太孤单，想给孩子找个伴儿

很多夫妻之所以要生二胎，一种想法就是一个孩子太孤单了，想要给孩子找个伴儿。

这种想法并不少见。现在的很多夫妻都是 70 末 80 后生人，大多是独生子女，这批人没有兄弟姐妹，可谓是"孤独的一代"。因此，当他们组建家庭后，就很自然地想要弥补自己的遗憾，让孩子的童年不再孤单。

夏某是 20 世纪 70 年代最早的一批独生子女，丈夫也是家里唯一的儿子。两个人大学毕业后留在省城工作。5 年前他们生了一个儿子。前几天，儿子的远房小表姐来过一次，陪儿子玩了一下午，那一下午儿子别提有多高兴了。

在小表姐走后，儿子天天问爸爸妈妈："小姐姐什么时候再回来啊？我想要小姐姐陪我一起玩儿。"这件事过了将近一个月以后，孩子还对上次来的小姐姐念念不忘。

儿子的表现让夏某夫妇觉得既愧疚又无奈，一个孩子确实是太孤单了，如果能够给儿子再生个弟弟或者妹妹就好了，这样他至少在成长的过程中有个伴儿。

另一位母亲王薇有兄弟姐妹，享受过与同龄人一起长大的快乐。但是，她见到儿子只能一人默默地面对一大堆玩具自言自语，再对比自己和双胞胎哥哥、妹妹一起玩着长大，就不由得伤感。

王薇的儿子现在只能习惯自己一个人玩，不是对着会说话的机器人，就

是新买的小熊优彼说一些成人对他说的话。虽然王薇已经尽全力多花些时间陪他，但她仍觉着儿子挺无趣的。每天要么盯着电视看动画片，要么就是把玩具折腾来折腾去。所以，如果政策允许，她想立马给儿子添个小弟弟或者小妹妹，让孩子在拥有玩伴的同时体会更多的亲情。

一些夫妻想得更远，他们不仅是担心孩子小时候没有玩伴孤单，更重要的是害怕自己年纪老了，离世了，孩子面对生活压力需要独自承担，碰到事情连个商量的人都没有。纵向的血缘没有横向的支撑，个人的孤独落寞不言而喻。

林夏作为独生女长大的这么多年，深刻地理解成长路上的孤单与寂寞。

林夏上小学的时候，隔壁的哥哥总是欺负她。她很生气，但没有姐姐或哥哥给她撑腰，她只好无可奈何地忍着。后来，林夏的堂哥转学到她所在的城市，借住在她家。林夏高兴极了，立马气势汹汹地跑去找隔壁的哥哥宣战："以后你再欺负我，我就叫我哥哥收拾你！"

林夏和堂哥相处了三年，感情一直很深厚。直到今天，林夏遇到不顺心的事情，都会跟堂哥讲；堂哥碰到不能解决的感情问题，也会找林夏想办法。很多事情不能跟父母说，害怕他们担心，林夏只好和堂哥说，毕竟有个人倾诉，总是会好很多。

因此，当二胎新政策出台后，林夏和丈夫决定为自己的孩子生一个一起成长的伙伴。

大家的想法确实能理解。想一想，自从每对夫妻只能要一个孩子后，我们传统的家庭模式就严重缩水了。现在的孩子，对于叔叔、舅舅、姑姑、姨姨之类的称谓和关系都搞不清楚了，因为他没有。

记得一位广西的网友讲述了这样一件事情。儿子问："妈妈，你有姑姑吗？"网友答："有！"儿子接着问："有叔叔吗？"网友答："有！""有舅舅吗？""有！""有阿姨吗？""有！"儿子最后问："为什么你什么都有而我什么都没有呢？"网友哑然。

以前，我们都是大家庭，四世同堂，儿女成群。有些大家族，七大姑八大姨的很多。一群孩子一块长大，都互相有照应。

其实，我们中国人习惯于生存在一张强大的用亲情关系织就的巨网中，因此建立和维系家庭是我们国人的生活，亦是生命中举足轻重的部分。但是，现在，不少孩子弄不清这些关系，甚至若干年后，孩子会嘟着小嘴用充满求知欲的眼睛看着妈妈，问："妈妈，姑姑是什么？小舅又是什么啊？"那是挺可悲的啊。

抱着这样的想法计划生二胎，也不能说家长的不对。但是，我们希望你们能在两点上慎重：

一、第二个孩子也是独立的个体，不能仅把他当成给第一个孩子的玩伴。生了就是责任，要养育和教导。

二、不要把自己的感觉强加给孩子。如果孩子不觉得孤单，甚至认为第二个孩子是来瓜分父母对他的爱的，那就事与愿违了。

❤ 未来养老压力大，两个孩子好分担

现在很多家庭都是典型的 4+2+1 式家庭，即 4 个老人（祖父母）加 2 个中年人（父母）加 1 个孩子（独生子女）。在这样的家庭中，孩子没有传统家庭中兄弟姐妹相助，要担负起赡养四个父母的责任，很多时候显得力不从心。

尤其是随着 80 后的父母渐渐老去，跨入了 60 岁的门槛，80 后在成为"房奴"和"孩儿奴"的同时，也成了"养老奴"。加之工作压力大，无法照顾好自己的父母或者无法把父母接到身边来照顾等。可以说，独生子女一代身上背负着如山般沉重的养老压力。

王乐来自"421"家庭，几十年前，他一直是备受家里宠爱的"1"，而现在，这个"1"却面临着巨大的生活压力。王乐自己有孩子，同时又有四个父母需要赡养。上有多老，下有一小，钱的需求压得王乐喘不过气来。休假、出去旅游，这些对他来说都是奢望。王乐全部精力都放在照顾这个家上面，连病都"不敢"生。王乐不敢想象，如果有一天万一自己垮掉，那么这个家庭将会怎么样。

广州的赵先生同王乐的情况相似。赵先生是独生子，童年孤独无伴，过得很是寂寞。不过，这还不是他坚持要生二胎的原因，真正的原因是一个人孤木难撑。

年前，赵先生的父亲突然中风。赵先生作为独子，要给父亲办理住院手续、缴费拿药、陪做各种术前检查……他白天上班，晚上还要陪床照料父亲的起居，可谓是身心俱疲。赵先生的妻子也是，一边要照顾公公，宽慰婆婆，一

边还要正常上班，并接送孩子上下学。

那段时间，赵先生的岳父岳母也有小恙，需要儿女照顾。幸好，赵先生的妻子不是独生女，有个姐姐可以照顾两位老人。要不然，赵氏夫妻可真不知道该如何是好了。

这件事情过去之后，赵先生和太太一想到独生子将来娶个独生女的儿媳，两个人要赡养照料双方父母和爷爷奶奶等长辈，就发愁得不行。这得是多大的压力啊！

为了让自己的今天不会成为儿子的明天，赵氏夫妇态度坚决：必须再生一个！考虑了家庭的经济状况，并获得了父母和儿子的同意后，赵氏夫妇开始积极备孕。

的确，社会老龄化问题已经日益严重。让一个子女赡养好几个老人肯定是非常吃力的。再加上我们的社会保障还未全面到位，养老的重担还是在家庭里。所以，80后一代人就像网上一篇《独生子女的沉重未来》中描写的那样："养老的重负就如同一座大山死死地压在每个独生子女的身上。我们曾是最享福的孩子，但也将是最受苦的大人。等我们人到中年，父母渐老，我们将成为世界上活得最累的人。"

所以，今天很多80后的夫妻考虑到这个严峻的事实，自然认识到一个孩子毕竟是独木难撑，以后在社会上有了什么事儿一个人也不好办，多一个孩子也好相互陪伴着长大，等长大之后互相也有个照应，这也有助于缓解孩子长大以后面对给自己和妻子养老的问题，因而他们就支持生二胎，决不让孩子受自己今天的这番罪。

按说，父母考虑到孩子以后面对的养老问题是出于关爱，也是社会进步的表现。不过，年轻父母要考虑当下现实，摆正心态。

首先，养老是未来的事情，生孩子是当下的事情。当下，夫妻的身体状况、家庭的经济情况是否能够应对生养第二个孩子的需求。

其次，年轻夫妻要认清楚一点，虽然说生二胎的出发点是让第一个孩子减少孤独，或分担其以后的养老压力，但是，这并不意味着第二个孩子的出生是为了第一个孩子而存在。每个孩子都有自己存在的价值，每个孩子都有被爱的权利。父母在考虑生二胎的时候必须慎重做出选择。

生二胎因其可解决独生子女的养和教的问题

某学校组织四年级的同学去参观博物馆，开车前两分钟，玲玲终于来了。玲玲的爸爸推着自行车满头大汗，玲玲则板着一张脸，从爸爸手里接过书包，眼皮都没有抬一下就转身上车了。

玲玲是家中的独生女，成绩不错，但是事事总以自我为中心，性格孤僻，自尊心还特别强，所以人缘不好。今天这是又怎么了呢？班主任王老师一问才知道，原来玲玲和妈妈说好带几个芒果路上吃，可出门时妈妈却换成了苹果。玲玲不依不饶，最后在爸爸的百般劝说下才答应来，还差点没赶上车。

其实，独生子女的性格问题并不是单单这一例。像玲玲这样的独生子女或多或少都存在着如蛮横任性、以自我为中心、自理能力差、孤僻冷漠等问题，这也成为当前家庭教育的难题。

为什么有这些问题呢？独生子女家庭教育的失败是脱不了干系的。现在，很多家庭都是一个孩子，孩子从小就有6个人12双手12只眼睛伺候着，衣来伸手，饭来张口，自然就养成了霸道自私的性格。

而今，二胎新政策出台，不少家长看到了解决独生子女性格缺陷的契机。许多为孩子忧心的家长都觉得第二个孩子的到来，或许可以在一定程度上克服独生子女家庭教育的一些弊端。

童童的爸爸妈妈都是独生子女，他一出生，就有6个人疼爱。这种溺爱的弊端在他上幼儿园时就暴露出来了。童童到了幼儿园整整哭了两个月，因为不会自己吃饭。好不容易解决了吃饭的问题，更多的问题却接踵而来。霸道惯了的童童没有一个好朋友，回到家后不是一个人玩，就是冲着家里人发火耍赖。

大人们一合计，干脆请小朋友来家里玩吧。可是，那天童童却守着自己的玩具对小朋友怒目而视，谁敢动他的玩具一下，他就一把推倒小朋友。

全家轮番上阵，就是希望童童能有玩伴，能合群一点。但是，所有人都败下阵来，因为童童太顽固了。即使在人多的广场，童童也是独自一个人坐在边上看别的小朋友们玩。

出现转机是在童童4岁的时候，童童的妹妹晗晗降生了。就在大人们努力劝说童童接受妹妹时，童童凝视着小床里的妹妹，很自然地亲了亲妹妹的小脸。从此以后，家里最忙的就是童童了，嘴里一个劲地"哥哥长哥哥短"，小妹妹尿了他抢着拿尿布，小妹妹睡着了他也会趴在小床边问妈妈自己刚出生时的一些事情。

大人们可没放心，最担心童童突然霸道了怎么办。一天，晗晗突然躺在地上哇哇地哭，而童童抱着自己喜爱的小火车惊慌失措地站在一边。他奋力向大人解释，自己只是稍稍推了妹妹一下。没有人责备童童，可是他依然哭得很伤心，任凭大人怎么劝都无济于事。直到小晗晗咿咿呀呀地用粉嫩的小手帮哥哥抹眼泪，童童才破涕为笑。

晗晗出生后，大人们惊奇地发现，童童能够很自然地和同学们说再见，老师也夸童童懂事，会照顾受伤的同学。

对于童童的变化爸爸妈妈自然是喜上眉梢，虽然他们着实不懂孤僻的儿子怎么和尚在咿呀学语的女儿玩到一起的。

生第二个孩子可以解决独生子女的养和教的问题？这句话有没有可取性呢？

父母应该意识到一个事实，两个孩子与一个孩子的成长环境绝对是不一样的。

首先，家里有了两个孩子，可有利于消除独生子女的孤独感。孩子在玩的过程中也可以汲取经验，懂得分享食物、玩具以及父母的爱，弱化"以自我为中心"的心理倾向，逐渐建立起与别人分享幸福的观念。

两个孩子的家庭不仅为第一个孩子提供了分享、关怀和照顾弟弟、妹妹的机会，从而使其更具责任感；第二个孩子也可以从哥哥、姐姐身上学会尊重、服从和关怀。这种互动使他们在生活中相互分享、相互合作、相互学习，形成良性竞争，促进自我全面发展。两个宝宝自觉不自觉地养成团结、勇于拼搏、助人为乐、尊重他人的优良品质和行为。

其次，第二个孩子的到来，改变了家庭的环境，改变了父母的那种过分"精养"，使家庭教育回归理性，能在一定程度上克服家长对独生子女的过度关注和溺爱。

独生子女因为是家里的唯一，家长难免产生溺爱，溺爱又导致家长会对孩子产生聚焦性关注，从而造成家长对孩子的"过度供给"。家长过分的保护，使孩子养成依赖性，缺乏独立。孩子的生活过程，事无巨细，家长都包了，根本不用孩子自己去做什么事，结果养成了孩子四体不勤、怕苦怕累、意志薄弱的不良习惯。由于缺乏待人处世的经验，孩子适应社会的能力差。苏联教育学家马卡连柯认为，溺爱是父母给予孩子最可怕的"毒药"。

最后，第二个孩子的出现，可以分散父母的注意力，避免家长给予孩子过高的期望，有利于孩子的健康和谐发展。

许多独生子女家庭，家长"望子成龙"心切，认为"独苗"无退路，所以，父母把所有希望都寄托在一个孩子身上。这种背水一战的心态，只能成功不能失败的追求，必须教育好的决心，往往刺激家长揠苗助长。

孩子除正常的学习上课之外，家长们今天送孩子们学钢琴，明天送孩子学英语等，孩子的娱乐时间全被家长的所谓的"前途教育"占满了。孩子们顶着高压、扛着重负，沿着父母设计的道路行走，失去了活泼纯真的笑脸，承受着大人难以想象的精神压力。有的孩子甚至产生逆反心理，与家长事事对着干。

家长这样做实则是扭曲了儿童的天性，影响儿童的身心健康。在双子女家庭中，家长更能以平和的心态教育子女，给予孩子合理的期望，更好地享受与子女共同成长的幸福，使孩子身心自然、和谐发展。

综上，可以说，所谓生二胎可以解决独生子女养和教的问题，恰恰是根据独生子女"独"的特点来解释的。第二个孩子的到来，填补了家庭成员缺失的结构，从实际出发，能增进孩子之间的互动，有利于按照儿童的心理特征进行正确的家庭教育。

但是，怀抱着纠正独生子女教育不当而生二胎的思想的家长，应该把握几点：一是，第二个宝宝不应该仅仅是解决教育缺失问题的工具；二是，就算第二个宝宝到来了，大人也不应该忽视对第一个宝宝的爱。

别全然地以为养一个孩子和养两个孩子是一样的

樊女士家里只有一个孩子，不过她的很多同学和同事都要了两个宝宝，而且，两个宝宝的年龄差距不大。朋友们告诉樊女士，这样第一个宝宝穿的衣服、玩的玩具，甚至于餐椅、床、摇篮什么的，第二个宝宝都可以接着用，可以省下不少钱。用大家的话说，养一个也是养，养两个也是养。

关于孩子的问题，仅仅是养一个也是养、养两个也是养这么简单吗？你想得太简单了。有一些更慎重的人可不这么认为。生第二胎并不是生下来就行了，要把他或她养大养成才，需要投入极大的精力，原本承担一份责任就够累了，现在再背上一份，是否犯得着呢？而且，要第二个孩子势必要影响第一个孩子的心情，在独生子女普遍的社会中，看看人家都是爸妈围着一个孩子转，想到自己的爸妈还围着弟弟或妹妹转，对第一个孩子的心理会不会有不良的影响呢？对第一个孩子的成长是否会有所不利呢？

再有就是生活水平。有媒体介绍，一个孩子从出生到大学毕业所需要的花费超过 50 万元，因此，如果生两个宝宝，就意味着百万元的消耗。这样大的开销，势必会让一部分人感到吃力，让人不免有把第二笔钱用来提高家庭生活水平的想法。

那么，按照这些思路思考下去，养两个孩子似乎是"太不划算"了，看来我们还是打消要二胎的念头吧！先等等，在下"否定"的决心时，我们是否还应该听一听支持要二胎的意见呢？

对于养一个也是养，养两个也是养这个问题，网友香烟洋酒桂花糖，简称糖糖，有着自己独到的见解。她用自己的亲身经历告诉我们，普通平常的家庭为什么敢生两个孩子呢？

29 岁的全职妈妈糖糖最后一份工作是一家小餐厅的老板，她的老公则是经济适用男，IT 行业，不喜社交，喜爱家庭生活，踏实肯干。要第二个孩子之前，两个人商量好了，由糖糖放弃工作回家来养孩子。可以说，夫妻二人在心理和经济上都准备好的情况下才决定要第二个孩子的。

"要第二个孩子，一定是因为爱，而不是因为什么其他乱七八糟的原因。这是很重要的。"糖糖这样说道。怀孕前除了补叶酸，用不着任何昂贵的营养品，好好吃饭就可以了。不要一怀孕就马上变成慈禧太后，世界上会怀孕生孩子的女人太多了，不要突出显示一个正常的生理过程。

孩子出生之后，如果有可能一定坚持母乳喂养，如果实在没办法就吃奶粉，不过贵的奶粉不一定就是好的。糖糖很庆幸，用母乳喂养孩子到一岁，中间自己亲自制作各种辅食。糖糖家的第二个孩子，在吃的上面基本上没有给她增加负担。

糖糖坚持一点，对于小孩子，一定不给任何零食。多喝水，只喝白开水，定点吃饭，中间除了水果和一点点酸奶之外，不给他吃任何东西。家长也没有必要给孩子盲目补钙，孩子只要吃奶好、吃饭好就可以了。

再说穿，糖糖家第二个孩子很大一部分衣服是捡第一个孩子的，还有一部分则是第一个孩子的衣服改过的。糖糖很少给还不懂事的第二个孩子买衣服，即使买也是一些外贸尾单的，便宜且质量说得过去。所以，糖糖家养育两个孩子在吃穿上可能不如人家养一个孩子所花钱的零头多。

唯一不限制孩子买的东西，就是书。买玩具之类的东西都是有条件的，或者是过节，或者是孩子的生日，但对于买书，糖糖则绝不禁止。两个孩子的书可以换着看，糖糖还能让两个孩子在阅读当中加深彼此之间的感情，让第一个孩子带着第二个宝宝看书，这样一方面让第一个孩子变得更爱学习，另一方面也让第二个宝宝彻底崇拜第一个宝宝。

古语讲："独柴难烧，独子难教。"事实上，负担两个孩子的教育不像大部分人想象的那样负担重，反而可能会给父母亲在一些问题上带来便利。这种便利主要体现在父母教育更省心、更节约教育成本、更有利于孩子成长。

有两个孩子的父母在教育子女问题上更省心。对孩子的教育不是父母的植入式教育，而是在孩子与他人互动的过程中自己发现、自己探索从而有所领悟的过程。家长也因为有了第一个孩子的教育经验，教育第二个孩子时就能够轻车熟路，更加得心应手。大部分家长再不用手忙脚乱地向育儿专家、书本、长辈请教，因为他们不仅熟悉了孩子各阶段生长发育的生理及心理的特点，也知道如何避免陷入教育的误区，从而在对孩子生长发育特点了然于心的基础上有条不紊地进行家庭教育。

培养两个孩子，父母可以节约教育成本。很多不愿生育二胎的家长原因之一就是教育成本过高，往往没有注意到教育成本的浪费。因为大家对教育成本的估算只是对第一个孩子的总计，却忽视了第一个孩子成长途中随着年龄的增长所淘汰下来的各种早教器具、玩具、图书等，在"食之无味、弃之可惜"的情况下大量地占用了你有限的生活空间。在第二个孩子的教育中，诸如早教费、玩具费、图书费、服装费等消费，都可以通过重复使用资源来节约开支。

生两个孩子有利于孩子健全人格的培养。上面我们已经说了，独生子女成长中的一些问题一直困扰着家长和教育工作者。给孩子生个弟弟或妹妹，绝对有利于培养健全人格，哥哥姐姐在照顾弟弟妹妹的过程中能够提升自理能力，完善自我形象，树立榜样意识；弟弟妹妹在与哥哥姐姐的玩耍过程中，能提高合作能力、分享美德、懂得尊重他人。毋庸置疑，生两个孩子有利于他们成长过程中的互相照应、彼此帮衬、缓解压力。

总而言之，别全然地以为养一个孩子是养，养两个孩子也是养。养孩子不是那么简单的事情。但幸运的是，我们有之前养第一个宝宝的经验和资源，这可以让我们在生养教育第二个宝宝时获得一定的便利。

💗 被逼无奈，长辈们都催着要第二个孩子

"什么时候再要一个孩子？"这是回家探亲和亲友聚会上，西安的梁娜被问得最多的问题。

32岁的梁娜在一家旅游公司上班，几年前因经受不住父母"催婚"，她和同样正处于事业起航期的男友匆匆结了婚。

结婚第二年，梁娜又面临着被"催生"。本不想那么快要孩子的她，辛辛苦苦地抵抗了半年，终于无奈投降，在婆婆和母亲一遍一遍的唠叨声中当上了妈妈。

孩子出生半年后，梁娜本以为已经完成了老人的心愿，完成了生孩子的重任，准备重回职场、实现理想。可没想到，耳朵还没清净一会儿，"单独二孩"政策出台，婆婆和妈妈又叨念，催她生二胎。

"单身的时候，每次打电话或是回家，家里人都催着我结婚；结了婚以后，又开始催着要孩子；等有了孩子，又开始催第二个孩子，怎么总是不能省心呢？"面对家里老人以及七大姑八大姨、各种聚会中同学朋友的"穷追猛打"，梁娜只好一遍一遍地解释自己暂时还没有生二胎的计划，但解释又有什么用呢？

随着我国启动实施"单独二孩"政策，和梁娜一样，继"逼婚""催生"之后，当代不少年轻人也面临着被逼问"要不要二胎""什么时候要二胎"的困扰，很多年轻人为此备感头疼，直呼"鸭梨山大"。

梁娜说："我和老公其实都挺理解老人的，但现在真没考虑这个问题。'单独二孩'政策出台后，架不住婆婆的煽动，我和老公也探讨过这个问题，但毕

竟孩子还太小，婆婆的年纪也大了，他们没有精力照顾两个孩子；事业现在都在上升期，耗不起时间；而且现在养孩子的成本太高，经济状况也不乐观。"

在网上，已有不少网民开始吐槽"被逼生二胎"的经历。调查数据显示，56.2%的"有娃"80后遇到过被"催生二胎"的烦恼。为什么要烦恼呢？道理很简单，因为他们自己并不想要生二胎，真正最想要第二个孩子的是孩子的爷爷奶奶和外公外婆。

王大爷今年58岁，本应是安享天伦之乐的年龄，可他却有着操不完的心。他好不容易给儿子张罗着结了婚，又督促着小夫妻俩生了个大胖小子。不过，这几天王大爷的眉头又皱了起来。

原来，上周六，儿子和儿媳答应带着他和小孙子去公园踏青，到了时间却是左等不来右等不来。王大爷一问才知道，原来是亲家突然生病住院了。挂了电话，王大爷既担心又失落。这时，王大爷的弟弟来了。王大爷兄弟三人，大哥去世早，就剩兄弟两个。老弟弟一进门脸色就不爽，说要和王大爷喝酒唠嗑。原来是王大爷弟弟的儿子说好了近期回国一趟看看老父亲，临时有变故，回不来了。

王大爷回忆着自己弟兄三人成长过程中的点点滴滴，以及父母病重时三人轮流守在床边尽孝，喟叹不已。如今他已觉察出自己的"凄凉"和儿子的不易。等到儿子到了这把年龄，连个忆往昔的兄弟都没有啊！

因此，这周王大爷从抽屉里找出报纸，看着《国家放开"单独二胎政策"》这个标题欣慰地一笑，匆匆揣到怀里出了门。他知道，他又要坐到儿子家门口等儿子！

其实，像王大爷这种想法的老人有很多，习惯了上一代兄弟姐妹众多的父辈，随着社会的发展，这些老人越来越清楚地看到独生子女的弊端，这就导致了"催生二胎"现象的出现。被冠以"被要求""被安排"一代的70后、80后和90后，在"单独两孩"政策出台的同时，再一次被长辈们出于好意地建议"生二胎"。

然而，我们也应该看到，生孩子是需要深思熟虑的，不是说生就生的。如果没有考虑好第二个孩子出生之后所带来的各种生活变化，还没有准备好迎接第二个宝宝，准备好承担第二份养育的任务，夫妻在生育二胎上还是应该慎重为好。

长辈们有长辈们的心理需求，而我们的决定，则必须有我们的考虑。长辈和我们毕竟思想不同，最了解我们的还是我们自己。想要或不想要生二胎的夫妻，都应该在决定之前做好正反两面的思考，而不可为了迎合老人的意愿就草率地决定是否要二胎。

🖤 生第二个孩子你决定了吗

对于生不生第二个孩子，我们做了个调查，并选了几个具有代表性的意见摘录如下：

雷娜 30 岁 / 马鸣 32 岁

结婚 4 年，育有 1 子，今年 2 岁。

不强求，顺其自然。如果第一政策允许，第二经济允许，第三不降低目前的生活质量，第四现在的宝宝喜欢，第五长辈也有强烈要求的话，会考虑生二胎。如果不具备以上条件，那就把唯一的孩子努力养好，让他能吃好、穿好、学好、玩好、生活好就可以了。

任娟 28 岁 / 衮超 33 岁

结婚 5 年，育有 1 女，今年 4 岁。

女儿今年 4 岁了，我和丈夫也符合生二胎的条件。虽然我也很喜欢孩子，家里经济条件也允许，但是考虑到现有的生活节奏也许会被打破，及第二个孩子对女儿的影响等方方面面的事，我们还是决定再缓缓。走一步看一步，有缘得之，无缘不强求。

这一群体是务实的，政策的改变他们也关心，但他们更关心生活质量是否应为老二的到来会降低。

马莉 29 岁 / 刘一浩 32 岁

结婚 3 年，育有 1 子，今年 2 岁。

生二胎并不是一件容易的事，生第一个孩子时的痛苦现在想起来都痛彻心扉。再说孩子也不是说生下来就好了，要把她养大养成才，日复一日、年复一年的操持需要付出多大的精力、体力、物力，这是否犯得着？而且，再生个孩子这势必要影响现在子女的心情，现在独生子女是一个普遍现象，再生一个反而会很奇怪。还有就是生活水平，生一个孩子培育成才都要花几十万呢，有那几十万我们还不如改善下生活质量呢。在没有保证第一个孩子的生活质量的前提下，再生第二个孩子对谁都是不负责任的表现。

王亚茹 32 岁／丁健 35 岁

结婚 3 年，育有 1 男，今年 1 岁。

我们夫妻是自由恋爱，冲破阻挠终于修成正果，孕育出一个新的生命，给我们的人生以无限安慰与遐想。这枚象征着神圣爱情的果实是无可取代的，再生一个，会转移我们的注意力，我们要尽可能提供给他最好的，两个就不行了，大人、孩子的生活肯定都受影响，所以我们不会去生第二胎。

这份调查显示，反对生二胎的夫妻，一般多是处在事业的上升期。这些夫妻也许是觉得生活压力已经很沉重，也许是已经习惯三口之家的生活，也许是本来想"丁克"结果因为种种原因成了三口之家，但不管怎样，这样的年轻人是"三口之家"的坚定拥护者。

对于是否要二胎，有些人持这样的观点：独生子女在成长过程中或多或少都存在着一些问题，所以家里有两个孩子会比较好一些。然而，也有些人持反对意见，他们认为大部分独生子女家庭的孩子成长过程都很好，性格中也未见这样或那样的缺陷，更不用说相当一部分还非常优秀，这说明独生子女不是先天性的"问题儿童"。

而且，有些人还认为在非独生子女身上也有在独生子女身上存在的问题，有的可能更严重。因而，他们觉得孩子出现问题的根源不在于"独生"还是

"非独生"，而是他们的成长环境和家庭教育方式。

鉴于以上三种观点，我们得出了一个结论，那就是一个家庭是否该生第二个孩子，不是父母单纯的兴趣爱好，而应该是一个事关于家庭生活极其重要的决定，需要当事人慎重考虑。

在决定是否要二胎的时候，当事人应该先问问自己：我的选择是否是一种盲从？别人生二胎是否意味着我也必须生二胎？然后，当事人还必须从个人生活、家庭状况以及社会利益诸多方面出发，理性地权衡，最终做出适合自己的选择。

生养二胎，这不仅是父母是否再养育一个孩子的问题，和经济、时间、精力、心理等诸多方面都直接相关，因此作为当事人必须要考虑好，必须要确定自己是否想要去接受第二个宝宝诞生所带来的各种挑战。

对于是否生第二个孩子，年轻夫妻一定要慎重再慎重！有些人将生孩子看作卸包袱，是遂父母的心愿；有些人则是将生孩子看作兴趣，一时兴起就生一个。人无远虑，必有近忧。这些人生孩子之前没有考虑好，等到孩子真的生下来，面对各种各样的琐事烦扰的时候，自然是想不到好的解决办法的。

有些父母无法分担照顾两个孩子的压力，不得不选择把大孩子过早地送入幼儿园或托儿所，这样会让大孩子觉得自己被抛弃了。有些人则把需要更多精力照顾的小孩子扔给父母，这样一来既增加了父母的负担，也让小孩子失去了应有的呵护，给以后的成长造成了心理阴影，那么在日后当小孩子回归家庭时，必定会因为生活习惯等种种方面不同而造成融合的困难。

所以，年轻父母在生第二个孩子以前，一定要想好为什么生。不能只凭"我喜欢孩子"，"反正养一个也是养，养两个也是养"或"长辈都催着要"就做出自己的"鲁莽"决定。事实上，孩子是否能健康快乐地成长，和是不是独生子女没有必然的联系。而且，家有两宝也不一定能让你获得想象中的好处。所以，建议父母生第二个孩子以前，还是要慎重考虑。

首先得问政策。我国目前的生育政策已经调整了，但不是绝对地放开，生孩子仍然不只是夫妻两个人的事，因此，是否生二胎这件事就不完全由夫妻两个人决定。让不让生二胎，我们还要听政策的。

其次要和伴侣沟通好。有的家庭父亲想要二胎而妻子不想要，有的家庭则正好相反，但无论是前者还是后者，都不构成要二胎的绝对理想环境。孩子是两个人生的，因此在要第二个宝宝的问题上，还要征询下伴侣的意见。最好能协商一致，因为再要一个孩子就意味着愿意为这个孩子吃苦受累、花费金钱和心血，这也是很重要的。如果对方没做好这些准备，或者还想着过轻松逍遥的日子，那么再要一个孩子势必会在打乱你们生活的同时，也会破坏你们夫妻之间的和谐。

再次还要考虑好成本问题。经济问题是在是否要二胎问题上被提起最多的问题，网上不时有父母晒养儿清单，养一个孩子动辄几十上百万，还不包括长大以后给他结婚、安家、买房的钱。所以除了自己愿意要第二个孩子，关键还要看自己养不养得起。如果没有足够的经济能力，那么还是"忍痛割爱"的好。毕竟多一个孩子不仅仅是多一张嘴那么简单，不但现有的压力会加剧，而且本来还不错的生活可能因此牺牲掉。

综上所述，无论读者处于何种的家庭环境当中，对于要不要第二个孩子这个问题，都要仔细并谨慎地权衡再做决定。我们要第二个孩子的根本出发点是能让生活更加美好幸福，这一点是必须牢牢记住的，在这个因素之下，相信读者会做出自己合理的选择。

第二章

二胎的生与不生不仅仅是夫妻间的事情。在做决定的时候，有一个第三者的意见也不能不考虑，那就是第一个孩子。从原本的"众星捧月"变成"二龙戏珠"，第一个孩子对小宝宝的到来心理难免会有波动。听听第一个孩子怎么说，这也算是为以后两个孩子之间的关系打一个预防针。

ANG

生与不生，
听听第一个孩子
的意见

孩子高兴赞同，是不是大人就可以放心

忘记是在哪部电视剧里，曾看到这样的情节：儿子趴在妈妈的床头，两只眼睛眨巴眨巴地看着大肚子的妈妈，稚嫩地说道："妈妈，你再给我生一个小妹妹吧！"妈妈用手轻轻捏了捏儿子的小脸蛋，"你个鬼灵精，还什么都知道！"

如此温馨的场面是每个期望要二胎的母亲都想看到的，但问题是，对于第二个宝宝，之前出生的孩子真能如此期盼和欢迎吗？

一个孩子的成长太过孤单，找个小妹妹或者小弟弟给他做伴，这对于他来说肯定是一件好事啊！这是很多父母的想法。这种想法从根本上说没有错，但作为父母的必须要明白一个道理，那就是孩子毕竟是孩子，因为心智还不成熟，一般的孩子不会像成年人一样控制心理和情绪。很多事情今天还觉得很好，转过天却又排斥上了，你问他为什么会这样，他也说不出道理来，总之就是排斥，这就是孩子。如果是一件无伤大雅的小事，那排斥也无所谓，但要是关于以后整个人生的大事，那做父母的可就要好好思量一下了。而遗憾的是，生二胎就是这样的事。

有的父母在考虑生二胎之前会试探性地问老大的意见，而对于这个即将到来的弟弟或妹妹，很多老大往往也会表现出高兴，进而赞同的态度。于是，父母便觉得高枕无忧了，既然老大这么欢迎，那么自己还有什么心理负担呢？然而，事情真的是如此顺利吗？

31岁的小朱现在已经是两个孩子的母亲了，5年前结婚的小朱原本有一个儿子，不过随着新二胎政策的出台，和老公同为独生子女的小朱立马便产生

了再要一个孩子的念头。和丈夫以及长辈商量了一番，小朱觉得要二胎的条件已经成熟，便开始着手准备。不过，小朱也多了个心眼儿，她特意几次试探儿子对于自己再要一个孩子的反应，看看儿子会不会因为家里多了一个成员而有什么不适。

令小朱欣慰的是，儿子非但不排斥她再要个宝宝，还表现得十分高兴和期待，这让小朱心里悬着的石头落了下来。从此，她的脑海里时常浮现出一幅两个孩子其乐融融的画面。

去年年初，30岁的小朱产下了她的第二个宝宝——一个可爱的小男孩儿。第二胎的到来立即将喜悦带到了小朱的家里，大儿子对于自己这个刚出生的弟弟也是十分的喜爱。

然而，好景不长，随着小宝宝的慢慢长大，小朱发现大儿子对于小宝宝的态度开始慢慢发生了变化——从最开始的好奇加喜悦，到现在的不耐烦和讨厌。小朱发现每当小宝宝哭闹的时候，大儿子就表现出极大的不耐烦，而小朱因为要照料小宝宝，有时不免忽视大儿子，这又引来了大儿子的愤怒。

大儿子的反常举动让小朱十分头疼。她生气大儿子的不懂事，不明白为什么本来对弟弟很欢迎的大儿子，怎么就变得这么讨厌弟弟了呢？

很多小孩子的妒忌心都是很强的，尤其是对于自己重要的人和物，是十分害怕被别人占去的。因此，当父母因为小宝宝的诞生而无意间忽略老大，减少分给老大的时间和精力时，老大就会产生父母被小宝宝抢走的心理，进而激动和气愤。

其实，老大的激动和气愤更多的是一种委屈和害怕，在这种委屈和害怕之下，当初期待小弟弟或小妹妹的喜悦自然就消失得无影无踪了。

因此，作为想要二胎的父母，即便是你的生二胎计划得到了大孩子的高兴赞同，你也不要高兴得过早。须知孩子的心态是会变的，如果只是得到了大孩子的"首肯"而没有做其他的"配套措施"的话，那么小朱的遭遇就难免要降临到你的头上。

那么，这里的"配套措施"具体指什么呢？其实就是一些对于大孩子可能出现的心态变化进行预防准备。

第一，在征求大孩子意见的时候，增加一些附加条件。当大孩子表现出对弟弟或妹妹的到来有所期待的时候，父母应该趁热打铁，增加一些额外的要求。譬如"弟弟要是来了，你得分出点玩具给弟弟哦！""妹妹长大了你愿意让她和你住一个房间吗？"类似这样的问题提给孩子，一方面是给他一个心理缓冲，另一方面也能测试孩子是否自私。如果孩子对这样的问题表现出排斥，那父母就要先想办法解决大孩子的心理问题了。

第二，在小宝宝出生以后，父母要注意分配对两个孩子的关心，不要将精力全部放在小宝宝身上，从而造成大孩子的心理落差。譬如当小宝宝哭闹需要人哄的时候，可以由母亲去哄而留下父亲和大孩子玩耍，以免出现 3 : 1 的局面，让大孩子感觉受到冷落。

第三，要让大孩子参与到抚养小宝宝的过程当中来。在一些安全的场合，可以让大孩子帮着带小宝宝，这样一来可以避免大孩子被冷落，另一方面还可以增加两个孩子的亲近感。

总之，大孩子对于小宝宝的态度如何，这是直接关系到两个孩子未来的问题，因此在这个问题上父母一定要十分慎重，且不可因为大孩子表示过对小宝宝的欢迎就粗心大意，以免给自己带来小朱那样的烦恼。

孩子无所谓，是真的无所谓吗

小邱的孩子淘淘已经 9 岁了，在以前听到爸妈提"再生一个妹妹"的建议时，淘淘总是摇头说不。不过近几年淘淘懂事了，不再生硬地回绝爸妈的建议，但每次提起生第二胎他仍旧有些反感。

小邱问淘淘："再给你生个弟弟或妹妹行吗？"淘淘冷冷地答："无所谓。"

小邱问："为什么无所谓？"淘淘回答："我长大了。"

小邱又追问："以前你为什么不愿意？""以前我不愿意别人抢我的玩具！"淘淘回答说。

有很多孩子就如同淘淘一样，在面对父母"再要一个宝宝"的问题时，表现出一种局外人的无所谓。然而，做父母的如果真的认为大孩子对于小宝宝的到来无所谓，那可就大错特错了。

以淘淘为例，他为什么认为无所谓呢？就是因为他觉得没人和他抢玩具了。但如果他发现等小宝宝来了之后，妈妈却被"抢走了"，他还能"无所谓"吗？

因此说，很多大孩子对父母再要一个孩子的问题表现出的无所谓并不是真的无所谓，只是他们还没有发现问题，而等问题一旦出现，他们的无所谓可能立即就会变成"严重关切"。

露露是个 10 岁的孩子，3 年前，家里的第二个宝宝降生了，和露露一样也是个女孩儿，露露又多了一个妹妹。

在妹妹还没有到来时，妈妈曾经问露露如果再要一个小妹妹怎么样？露露表现的是一种无所谓的态度，不高兴也不反感，好像和她没有关系一样。对于露露的态度，妈妈并没有太过在意，她认为这是露露还小，还不知道小妹妹的到来意味着什么。

然而，当小妹妹真的来到家里，露露便不再无所谓了。在小妹妹小的时候，露露抱怨妈妈不再关心自己了，小妹妹大了一点，露露又嫌小妹妹吵闹。这几天，小妹妹要玩彩笔，妈妈就把露露的彩笔拿给了小妹妹，小妹妹到处乱画，弄丢了好几支，这下露露可不高兴了，嘟囔着小嘴冲妈妈直埋怨。妈妈说了她一声"小气"，露露更委屈了，冲妈妈大声嚷道："要么你把小妹妹送走，要么我离家出走！"

小孩儿不同于大人，想问题、考虑事情不可能那么周详。小孩子心里的无所谓，更多的只是针对眼前，譬如在孩子玩遥控车的时候，你问他可不可以把他的弹珠拿走，他一般会说无所谓，但回头当他想起弹珠的时候，他便会哭闹着让你把弹珠还回来。

所以，如果孩子表现出对父母要第二胎的无所谓，那就说明他没有认真考虑过第二个孩子出现之后对自己的影响。小孩子不考虑是正常的，但父母必须要帮孩子考虑清楚，以免当问题真的出现时，孩子接受不了，父母又没有准备，那就容易造成各种各样的问题了。

父母要考虑好孩子的性格，以及第二个孩子出现后可能与第一个孩子发生矛盾的地方，想清楚一旦矛盾出现，以第一个孩子的性格他会产生怎样的心理，这种心理可能会导致哪些问题，这些问题具体又该怎样去解决。如此在事前把所有问题都想清楚，结果才能够万无一失。

在父母考虑之后，如果大孩子已经足够大了，还要做好与大孩子的沟通，让他充分意识到弟弟或妹妹到来之后可能会给他带来的影响，让他在影响出现之前有个心理准备，并教育他要谦让，等等。

独生子女本来是众星捧月的位置，突然间来了一个弟弟或妹妹，两个人变成了日月齐辉，任谁都会有心理波动的，任谁也不会真的无所谓。因此，对于孩子的无所谓，父母要意识到问题的本质，认清孩子无所谓的背后其实是不了解，并针对于此未雨绸缪，须知只有早做准备，才能避免出现露露那样的事件。

如果大孩子坚决反对，父母该怎么办

维维今年 14 岁，刚刚上初中。花季少女本应该是无忧无虑的，然而在维维的 QQ 空间里，却有一篇这样的日志：

"一个人的冬天真的好冷，好孤单，我不要再这么孤孤单单地过了。所有的欢笑都不是我的，所有的幸福都不是我的，一个人的冬天里，我只有孤独与痛苦。死了算了，反正对于他们来说，我就是多余的……"

这可不是一篇抱怨的日志，而是一封遗书。性情文静的维维从亲戚口中得知自己的父母正准备生二胎，她一下就变了脸色。维维坚决反对父母生二胎，并与父母大吵大闹，并放下狠话："你们要再生个弟弟妹妹，我就不去上学了，也不想活了！"

维维不惜用写遗书、准备自杀的极端方式来阻止父母生二胎，可见其有多么不愿意。如果其父母不顾她的想法，那就是对孩子的不负责，也极有可能酿成悲剧。

其实，自从父母有生二胎的打算之后，心理医生就表示，有心理障碍的孩子不断地增多，其中七八岁的小孩子是高发人群。身为父母，当我们真想要为家里再添一个新成员的时候，为了家庭的和谐，务必要做好与第一个孩子的沟通工作。如果这些问题没有解决的话，不建议马上要第二个孩子。否则的话，等弟弟或妹妹来了以后，家长在照顾新生儿的过程中，必然使第一个孩子原本的问题更加严重。

在与孩子沟通时，父母要弄清楚孩子反对的理由是什么：是担心小宝宝分走父母的爱？是别人告诉他，有小宝宝很麻烦，会抢他的玩具？是其他小朋友都没有弟弟妹妹，他们会笑话他？这样就能有针对性地来开导。

一般来说，第一个孩子，身为独生子女，从小习惯了所有人以他为中心，缺少与别人分享的习惯。所以，我们在认真诚恳地和孩子交流时，要让孩子明白：

一、再添一位家庭成员之后，爸爸妈妈不会减少对你的爱。你所喜欢的东西，在乎的东西，爸爸妈妈仍然会给你。而且，你还会得到弟弟或妹妹的手足之情。人生的道路很长，父母不可能陪伴你度过一辈子，因为父母可能会先你而逝，婚姻可能有变故，而兄弟姐妹既是你儿时的玩伴，青春期的密友，还是你人到中年的顾问，老年的知音。韩国有一个鼓励生育的口号是："留给子女的最大遗产是兄弟姐妹。"我们也应该把这种观念传递给孩子。

二、爸爸妈妈现在至少要照顾四位老人，有时候都顾不过来。等你长大了，也必然会面临这种情况。想一想，以后爸爸妈妈老了，如果多一个弟弟或妹妹，就有两个人照顾爸爸妈妈，可以减轻你的辛苦。

三、如果老大是女孩，父母要告诉她：爸爸妈妈生二胎，并不是由于重男轻女，也不是对你不满意。

父母千万不要觉得："孩子那么小，和他们商量是白费吐沫，他们又能懂得什么？"是，孩子可能许多东西不明白，但是他们很敏感。你坦诚的态度，尊重他们意见的言行，会让他们安心一些。这样做的效果是，基本上，在进行思想沟通之后，绝大多数的老大都会赞成父母生二胎。

但是，事情没有绝对的。对于学龄前的孩子，如果反复解释和进行爱的承诺，孩子还是反对，家长就要反思自己的教育了。反思一下：孩子是否自我中心感强。如果孩子是那种小皇帝，自我中心感非常强，十分自私。家教专家则建议，家长要让孩子明白这个世界上有很多人，你来到这个世界之后，就不让别人来到这个世界，这是一种自私的想法。一位家教专家这样说："如果老大有自私的性格，家长不能一味地溺爱与迁就。过于迁就，孩子的自私性格可能会变本加厉。"生二胎的一个好处是有利于培养老大与人分享的性格。此时，家长应该在安抚孩子的基础上，考虑生二胎的可行性。

❤ 对大孩子不要瞒而要沟通

无论孩子给出的最终结果如何，家长在劝说的整个过程中，都要谨记一条：不要瞒着孩子，不可粗暴地对待孩子的意见，要协商、要沟通。

但是，还有很多父母因为孩子不好安抚，而自以为聪明地选择了同一个高招——瞒，结果把事情搞得更糟。

赵凯和妻子结婚已经 6 年了，婚后第一年，两个人生了一个可爱的儿子。二胎政策出台后，赵凯和妻子商量着再要一个女儿。

不过，在要二胎之前，赵凯咨询了一些身边已经有两个孩子的朋友，很多人给他一条建议：想要生二胎，首先要安抚好大孩子，而安抚大孩子的工作并不好做。

这一忠告让赵凯有些犯难了。因为孩子比较小，多数时间都养在自己老人身边，自己和妻子都不善于与孩子沟通，如何安抚孩子，还真是让赵凯一筹莫展。想来想去，赵凯觉得有个方法倒可以试一试，那就是瞒着大孩子，照计划要二胎。他想："孩子还小，妈妈的肚子大了孩子也不知道是怎么回事儿，那么就先要着呗。等小宝宝生出来了，大孩子不接受也得接受。"于是，从去年开始，他和妻子便开始了要二胎的计划。

今年年初，赵凯的妻子顺利地生下了一个小女儿。儿子女儿都有了，赵凯心里十分高兴，但等回到了家，麻烦事儿来了。因为儿子对于小女儿的到来没有心理准备，突然间家里多了这么一个妹妹，儿子真是接受不了。每当妈妈给小妹妹喂奶而不理自己的时候，儿子就在一旁大哭大闹，闹着闹着就大叫："什么时候才能把这个小孩儿给送走啊！"听到这样的话，赵凯别提有多头疼了。

瞒着孩子不告诉这样的"高招"，其实是一个名副其实的损招。你能瞒得住一时，但总不能一直瞒着，小孩子生出来难道不带到大孩子的面前吗？而只要带到了大孩子的面前，大孩子能不能接受就要完全看运气了。接受了是你运气好，不接受则是人之常情。

一个建议是，对于生二胎这样的事情，对大孩子不能瞒，因为无论怎么瞒都瞒不住，倒不如及早沟通，让大孩子有一个心理接受的过程，这样反倒更容易取得良好的效果。

当然，有专家建议，孩子越小，告诉他真相的时间应该越晚，因此最好不要一开始就把妈妈肚里已经有小宝宝的事情告诉孩子，可以在自己的腹部引起他注意之前，同他讨论这个问题，即非常平静地告诉他他将有一个小弟弟或小妹妹。

对于专家的这个建议，父母们应该辩证地采纳。即便是一开始瞒着孩子，也应该在适当的时候做好与大孩子的沟通。譬如说，当肚子大到大孩子已经发现了的时候，应该对大孩子说类似"有个小宝宝在妈妈的肚子里，等他长大一点儿，他就会成为我们家里的一分子"，而不要用"妈妈的肚子不舒服，所以才会鼓起来"这样的话来欺骗大孩子。

而且，做父母的还要注意一个现象，那就是大孩子可能会有意地暗示自己的担心。他们会说"以后父母和我玩的时间会越来越少"，"可能不再那么爱我"，甚至认为"新宝宝会睡在我的小床上"。其实，这是大孩子意识到另一个孩子要出生时，他觉得没有安全感。面对这种情况，父母要多花一点时间来让他接受新宝宝的到来。譬如当孩子提出这样的问题时，父母应该给大孩子更多的拥抱和微笑，告诉孩子小宝宝也会非常爱他。

除此之外，父母还应该让大孩子对孕育过程有一个认识，让他对小宝宝的诞生持积极的态度。父母可以通过沟通，让大孩子觉得他在和妈妈一起做一件将会很有成果的事，而不要让他觉得妈妈一心只想着肚里的宝宝。

"你是妈妈的乖宝宝，妈妈现在肚子里有你的小弟弟，你让妈妈多休息，就是帮妈妈一起让肚里的小弟弟好好生长。等他准备好要出来的时候，他就会告诉我们的。"有专家建议说这样的话给大孩子，这样一来，大孩子就明白自己对妈妈肚子里的宝宝也很重要了。

再有，怀孕的时候母亲会有正常的妊娠反应，但在大孩子的面前，母亲最好不要表现得太过强烈。专家建议，即使目前不舒服，也要尽量在大孩子面前表现出好的状态。孩子是很关心妈妈的，如果妈妈在大孩子面前总是"娇气"地呕吐、抱怨、想歇着就歇着，那会给大孩子一种"弟弟妹妹这么折磨妈妈，妈妈都那么爱他"的感觉，这会加重大孩子心理的妒忌情绪。

总之，未雨绸缪是一种很大的智慧，在事情还没有出现之前，做好应对问题的准备，这可以为准二胎父母省下很多麻烦。而为了省去之前的麻烦而选择对大孩子隐瞒，虽然在小宝宝降生之前可以得到几个月的安宁，但小宝宝降生之后，难免会遇到更大更严重的问题。

征求孩子的意见，而不是把生不生的压力转嫁给孩子

　　当年在讨论父母对子女的责任时，有人曾开过这样一个玩笑：为什么一定要强调父母对子女的责任呢？因为是父母一意孤行地把孩子带到这个世界上来的。孩子没有说要来，是父母觉得，有个宝宝挺有意思的，于是不顾孩子的感受，把孩子强行地带到了这个世界上。这样看来，父母对孩子的责任当然是天经地义的。

　　那么，什么情况下父母对子女没有责任呢？是孩子主动要求来到这个世界。孩子觉得这个世界不错，于是和父母说："你把我带到世界上来吧！"然后父母说："哎呀！太麻烦了，还得十月怀胎，你还是别来了。"孩子仍然想来，说："求求你了，就让我来吧！"父母心想，那他愿意来就让他来吧，于是帮了孩子一个忙，把他带来了。在这种情况下，父母才是对子女没有责任的。

　　开篇讲这样一个笑话是什么意思呢？这是想说明一个问题，一件事的责任在谁的身上，关键是看这件事是由谁找来的。你找的事情，你就应该负责到底，即便有压力也没有用，因为任何事都是有压力的，你只要找了事，就不能怕压力。

　　生孩子是一件大事，这种大事所带来的责任和压力更是巨大，在这样巨大的责任和压力面前，人还能不能保持常态，承受得住压力、履行得了责任呢？这是一个大问题。

　　有人可能会反驳说："大多数父母在决定生孩子之前，这些问题肯定是已经考虑好的。"那么别急，看看下面这种情况：

12 岁的东东离家出走了，原因是压力太大了。什么压力？说起来令人匪夷所思，居然是由两岁的弟弟带来的。

两年前，东东的父母打算要二胎，在生二胎之前，父母曾试探性地问东东："再给你生个小妹妹怎么样？"对父母的问题东东欣然点头，因为在东东看来，家里多了一个小妹妹，生活会变得更热闹。

不承想，等母亲怀孕后一检查，第二胎又是一个男孩儿。男孩儿就男孩儿吧，父母无所谓的，但东东却不这样看。东东已经有了先入为主的想法，认为来到家里的会是一个小妹妹，突然间小妹妹变成了小弟弟，东东还真是无法接受。

弟弟出生之后，东东就开始变得闷闷不乐的，他几次对母亲表示过弟弟不如妹妹。但母亲却这样对东东说："生弟弟还是妹妹也不是妈妈能决定的啊，再说，当时要一个小妹妹做伴是你决定的，现在即便是小妹妹变成了小弟弟，这也是你的原因啊，所以你应该负起做哥哥的责任，照顾好小弟弟。"

听到母亲这样的话，小小的东东心里越来越不是滋味，一味地责怪自己把事情搞糟了，可是自己确实不喜欢小弟弟只想要小妹妹。这样着急了几天，他终于一急之下离家出走了。

确实有这样的父母，他们在生二胎的时候，会象征性地征求大孩子的意见，而一般情况下，大孩子都不会强烈地反对。但有些父母可能觉得这样还不够，表示一定要"充分"征求大孩子的意见，即让大孩子来拿主意。这样一来可就有点矫枉过正了。

我们之前说过，做任何事都是要负责任的，你让大孩子来做一项这么重大的决定，那就是把沉重的责任推到了他的身上，使得大孩子背上了极大的压力。如果孩子小，察觉不到压力的话，那问题还好办，但如果孩子已经大到懂得什么是责任什么是压力了，那么这就很难说会不会给大孩子造成什么不好的影响。

而更有甚者，如东东的父母一样，不但把压力推给大孩子，还在小宝宝出生之后，时不时地提醒大孩子要负起责任来。这样一来，就等于在不间断地给孩子施压。这就譬如说孩子想要一台电子琴，父母对孩子说"买了之后你就要好好弹"，可等到琴买来之后，却发现孩子只有三分钟的热度，稀罕两天便不碰电子琴了。在这种情况下，父母应该做的是耐心劝导孩子，而不是用"这琴是你要求买的，那么多钱，不学钱不就白花了"这样的话来刺激孩子，因为孩子未必受得了这种刺激带来的压力。

那么，同样的事情，面对生二胎这样的大事情时，一般做长辈的都不愿意帮你承担这么大的责任和压力，以至于不敢妄做决定，那么做孩子的自然更是接受不了了。

所以，对于有些喜欢征求大孩子意见的父母来说，点到为止是一个重要的原则。要充分考虑孩子的意见，但同时又不能让孩子感受到压力，这样才不至于对大孩子造成伤害。且不可图省事儿，说什么让大孩子"负责"这样的话。

第三章

DISANZ

身体是要二胎的"本钱",妈妈没有一个健康的身体,二胎计划便不会进行得那么顺利。因此在迎接第二个孩子之前,先做好身体的检查,查缺补漏,把身体调整到最佳的状态,这才能够保证你得到一个健健康康的小宝宝。

ANG

生二胎，
你"请示"过身
体了吗

💕 想要再生二胎，先要看身体条件是否允许

以前很多夫妻一直都有想要二胎的念头，但没办法，国家政策不允许，因此也就只能是想想罢了。现在国家新二胎政策出台了，给了我们要二胎的机会，那么，不少人自然要把这个想法付诸实际。

不过想要二胎的夫妻还要等一等，国家政策确实是允许了，可是另一个更重要的环节你们可能还没有考虑到，那就是身体。

孩子当然是由父母创造，母亲十月怀胎生出来，那么，父母亲的身体状况就不能不考虑。

由于我们国家长久以来施行的计划生育政策，很多想要二胎的夫妻在适合生育的年龄没有生二胎的机会。而现在机会来了，这些夫妻的身体状况却不容乐观。

赵女士今年 35 岁。她和老公结婚 10 年，9 年前女儿小敏降生，给这个家庭带来了无尽的欢乐。赵女士夫妻对女儿非常疼爱，但是两家老人却思想比较保守，都希望赵女士能再要一个男孩儿，因为赵女士的丈夫是独子，有个男孩儿也好"传宗接代"。赵女士心里也并不排斥再要一个小孩儿，但当时政策不允许。

随着国家新二胎政策的出台，单独子女可以生二胎的消息也传到了赵女士耳中。赵女士便决定和丈夫再生一个。但过了好长一段时间，赵女士却总是怀不了孕，这可急坏了夫妻俩。

为什么怀不上呢？赵女士和丈夫求助医生。医生对赵女士的身体做了一

番全面的检查，最后得出的结论让赵女士惊出一身冷汗。检查结果显示，赵女士的子宫功能出现了一定程度的退化，这导致孕育孩子的概率大大减小。而且，大夫还对赵女士说，他们要不到孩子不是不幸，而是幸运，因为照这个检查结果来看，如果赵女士要到了孩子，这孩子也很难发育良好，很可能到头来生下一个不健康的宝宝。

因为第一胎怀得很顺利，所以，夫妻两个根本就没有觉得夫妻两个人身体有什么问题，现在听大夫这么一说，赵女士真是后怕。如果因为想要第二个宝宝而生出一个不健康的宝宝，那反倒是得不偿失了。赵女士赶忙提醒身边也想要第二个宝宝的朋友，叫大家在准备要宝宝之前，一定要去医院做全面的检查，如此才能放心地怀二胎。

赵女士的故事在我们的身边绝非特例。现在生态环境越来越差，社会压力越来越大，很多上班族的身体都比以前衰老得更快了，这其中自然包括了一些已过生育最佳年龄的女性。因此，秉承着对自己负责、对胎儿负责的态度，想要第二胎的夫妻一定要先"征求"身体的"同意"。如果身体"不同意"，那么第二胎不要也罢。

那么，对于第二胎的孕产，我们应该从身体的哪些方面考虑呢？妇产科专家提醒大家：已经过了生育最佳年龄的高龄产妇，由于之前有过生育的经历，第二次怀孕时就容易忽略孕期保健和孕产期检查。但也正是这样的人群，恰恰是最需要孕期保健和孕产期检查的。

医学调查发现，已过生育最佳年龄的产妇因为各脏器功能减弱，产生畸胎的概率要远远高于适龄产妇，而在怀孕和分娩的过程中，因身体状况下降而导致的安全风险也会增加。譬如大出血、羊水栓塞这样的生育疾病就经常发生在大龄产妇身上，所以女性有再怀孕的意愿，起码要提前半年到医院做相关检查和评估。

在检查时，对于心、肺、肝、肾等脏器的功能要着重注意，对生殖系统也要做详细的评估，卵巢功能如何更是需要注意。如果夫妻两人有不良的生活习惯，或处在较恶劣的工作环境中，则都需要相应做出改变。尤其是妻子，应该在规律且健康的生活环境中孕育第二胎。

同时，对于以前有遗传性疾病的夫妻，怀第二胎之前的检查更是非常重要的。因为即便第一胎没有任何健康问题，但再怀孕仍然可能导致疾病的遗传，因此产前筛查也是要做的。

宫颈，这也是一个必须要考虑的因素。专家提醒，如果孕妇第一次生产是剖宫产，那就要着重评估子宫疤痕的情况。子宫问题也是经产妇（曾经生产过）和初产妇的主要区别之一，因此不但是已过最佳生育年龄的产妇需要注意这一问题，未过生育年龄的经产妇也必须注意这一问题。

以上是想要生二胎的夫妻应该着重检查的身体问题，如果通过医疗评估，发现身体方面确实有问题存在，那么就应该尽量将产科、内科、外科、妇科、产前诊断甚至生殖辅助的专家会集到一起研究，一起评估生育二胎的可取性，如此才能够保证你二胎生得安心、生得健康。

大龄妈妈的纠结：年纪大了生孩子安全吗

新二胎政策出台了，这对于全社会来说都是一件好事。然而，现在适龄的生育人群渴望二胎的比例并不高，反倒是那些不适龄的生育人群中，想要二胎的比例非常大。

60后、70后人群中，思想传统的人群比例是非常大的，这些人中很多想要二胎。而如今，80后渐渐步入了生育年龄，这一代人的思想较之前几代人来说稍微新潮一些，因此很多80后实际上并不是那么渴望生二胎。结果就造成了想要二胎的人群中，大龄产妇占比例较大，而大龄产妇较之于适龄产妇是很容易出现生育问题的。

政府刚刚放开"单独"二胎的政策，贞宁就和老公做起了要二胎的打算。本来已经有了一个6岁儿子的贞宁已经是别人羡慕的对象了，可她觉得儿子一人太孤单，就一直惦念着要给儿子添一个弟弟或者妹妹。

不过，由于老公不是独生子，贞宁的计划就一度搁置了下来。最近，二胎政策进一步放开，贞宁的心愿可就能实现了。

然而，问题来了。相比于三年前刚和老公计划要二胎时，贞宁的年龄又增长了三岁，今年已经34岁了。都说女人过了35岁就不宜要孩子了，贞宁非常害怕因为身体的问题而导致生二胎的计划落空。

贞宁这样的犹豫，相信在很多大龄产妇那里都有。的确，高龄怀孕或生子有一定的危险，但并不是绝对不成功。医生一般也会给出慎重的建议，但除非身体真的不能孕育二胎，否则也是说坚决不可能。如果大龄妈妈想生二胎，那么能做的就是做好怀孕和孕期养护的准备，以防止危险发生。

那么，大龄产妇在考虑要二胎的时候，要格外注意哪些事项呢？妇科专家认为，以下几项是值得提高警惕的：

一、子宫问题。子宫问题我们在上一节简单地介绍了一下，这里要详细说一下大龄产妇的子宫问题。有妇科专家指出过这样的现象："10 年之前，产妇乃至于普通大众对剖宫产的认识并不全面，那时候我国还实行独生子女政策，很多人认为反正这辈子就只生一个，剖宫产简单轻松，就选这个好了，因此现在的大龄产妇绝大多数都是选择剖宫产的，而这也就给现在生二胎埋下了隐患。"

隐患就是经历过剖宫产的子宫属于疤痕性子宫，前置胎盘的可能性更大，而且大部分是凶险性前置胎盘，妈妈和孩子在怀孕和生产过程中都容易出现问题。最可怕的是，如果剖宫产造成产妇出现瘢痕妊娠，就是胚胎长在剖宫产留下的疤痕上，那么可能会导致更严重的后果，如引起子宫破裂和无法控制的阴道大出血。北京协和医学院妇科的数据显示，头胎是剖宫产的，二胎瘢痕妊娠的比例达到了 15.2%。

所以，孕妇不得不谨慎。如果第一胎是剖宫产，怀第二胎的时候，孕妇要尽量多做几次产检，经常关注子宫和胎儿状况，一有出血、腹痛等情况要立即去医院。

二、身体机能问题。高龄产妇相对年纪轻的产妇，容易得妊高征和糖尿病，因此要更加严密监控各种身体数据。

此外，体重也是不能不关心的问题。随着年龄的增加，人体新陈代谢放慢，20 岁的女性和 30 岁女性在同量热量摄入的情况下，消耗的情况是不一样的，这也就是为什么大龄女性身体更容易发福的原因。而怀孕后，孕妇不可避免地要摄入更多的营养，这可能会导致身体变重、变胖，孩子巨大，增加生产的困难。因此，大龄孕妇最好能够对自己的体重有一个准确把握，如果自己不知道如何才算健康体重，建议到医院找专家做一下评估。

如果孕妇的体重已经超标，专家的建议是运动。具体是，怀孕 4 个月以上的孕妇，每天运动 1 小时以上，这 1 小时可分多次进行。轻柔的瑜伽、体操和散步，都是比较适合孕妇的运动。

  大龄产妇尤其要重视运动。因为大龄产妇不比年轻人，在生育的过程中有先天的劣势，那就是随着年龄的增大，精力已经不像年轻时那么旺盛。如果在怀孕之前、怀孕时多做运动，保证足够的精力，那么以后喂养孩子也会从容一些。

  另外，产后也要早早地恢复运动，帮助恢复，不要以为高龄产妇多躺躺有好处，这反而可能会给产妇的恢复造成不好的影响。

  多咨询医生，遵从医生的叮嘱，做好准备，那么大龄妈妈就能大大削减生育二胎的危险。

第一胎是剖宫产，第二胎也一定要剖宫产吗

小胡的妻子最近怀上了二胎，因为得知生育二胎需要格外注意，所以小胡听了不少的讲座，其中就有关于剖宫产与孩子健康的。

在讲座中，小胡听到专家讲剖宫产不但对于第二胎的孕育有影响，对于第二胎的生产过程也会有影响，这让小胡心里一激灵。小胡清楚地记得，在三年前妻子生育第一胎的时候，因为没有想过要二胎这件事，所以就让妻子选择了剖宫产，以便减少生产的痛苦。现在，妻子怀上了二胎，而且经检查发现肚子里的宝宝也很健康，他本以为就没有别的问题了。现在听了这个讲座，小胡的心里直犯嘀咕："这第二个宝宝可千万不要在生产上出现什么差错。"

几年前，无论是医院还是孕妇，为了图省事儿，为了减少生产痛苦，都推荐或者选择剖宫产。现在，这些剖宫产的孕妇相继怀上了二胎，那么问题也就出现了。上面，我们提到头胎是剖宫产的，二胎患瘢痕妊娠的比例有15.2%，得了瘢痕妊娠就非常危险。而且，因为剖宫产毕竟不是自然分娩，很多孕妇不由得提出疑问："第一胎剖宫产之后，第二胎是不是也必须要剖宫产？"

专家对这个问题的回答是：不一定。

从理论上讲，如果产妇在生完第一个孩子后子宫得到良好的恢复，在孕育第二个孩子的过程中确保胎儿的体重得到控制，产妇可以自然分娩。

不过，专家也提醒大家，在临床上第一胎是剖宫产的产妇，第二胎自然分娩的风险和难度可能会加大因为在自然分娩的时候，可能遭遇"子宫破裂"这一并发症。分娩过程中，曾经被缝合的子宫伤口，会无法承受子宫剧烈收缩的压力而破裂，从而导致母亲与胎儿的危险。

当然，这一观点只是部分医生的经验之谈。随着医疗科技的日益发达，

各种新的研究数据证实，剖宫产后的自然分娩不能与子宫破裂画等号。

不过，现在大多数已怀二胎的孕妇，为了保险起见，都不愿意再冒险尝试自然分娩，因此，第一次剖宫产术后再孕的准妈妈，在第二次分娩时，绝大部分仍然选择了剖宫产。

对于这一问题，专家的结论是，如果孕妇的第一胎并非因医学原因而选择剖宫产，而第二次分娩又希望尝试自然产，那么，在医生的同意和指导下，是可以尝试自然分娩的。当然，前提是医生检查过孕妇疤痕子宫的恢复状况是良好的，并且在生产过程中进行严密的全程监控。

那么，现在就出现了一个问题，多久子宫才能恢复健康？即在剖宫产之后，多长时间可以要第二胎？

对于这个问题，专家的建议是，两年之内最好不要孕育第二胎。

专家认为剖宫产后子宫壁刀口需要一段时间恢复，加之瘢痕使刀口缺少弹性，不牢固，在妊娠晚期或分娩时容易发生瘢痕裂开，致使子宫穿孔或破裂，导致大出血甚至危及生命。因此，剖宫产之后的第二次孕育，一定要等刀口长得趋于完好时再做，而为了保险起见，最好选择两年的恢复期。一般体重的女性，两年时间足可以使刀口处的瘢痕组织愈合得很好，这会减小再次分娩时的危险。

我们经常看到这样的情况：孕妇在剖宫产后一年，又意外地怀上的宝宝，想把宝宝留下来，但又怕有危险。对于剖宫产的孕妇，因为出现意外的代价实在太大了，子宫破裂，甚至会影响宝宝和妈妈的生命安全。为了保护自己的身体，在两年内，一定要做好避孕措施。

那可能就有孕妇问："如果第一胎是自然分娩，第二胎的分娩是否会容易一些？"对于这个问题，专家的回答是，一般来说会容易一些。

一是从分娩产程来说，第二胎总体看会比第一胎快。二是第二次分娩虽然仍会痛，但痛感会比第一胎轻很多，而且疼痛的时间也会缩短，因此，自然分娩是对妈妈和宝宝最好的分娩方式是有理由的。

但第二胎也有难产的情况发生，需要看具体情况。譬如有的产妇第一胎是二十出头的时候生的，第二胎是在 35 岁之后才生，两个宝宝之间的间隔比较长，那么在生第二胎的时候已经进入高龄产妇的阶段了，还是会有高龄产妇的问题的。

说到生产，很多人就担心："如果第一胎难产，第二胎是否也会难产？"这也不一定。

有些孕妇的难产是因为骨盆狭窄所致，在这种情况下，第二胎难产的概率就很大。因此在生第二胎的时候，可以选择剖宫产。

而如果第一胎的难产是因为宫缩差、宫颈扩张缓慢等原因造成的，而骨盆大小正常，那么第二胎分娩时出现难产的可能性很小。一般而言，有过分娩经历的人，宫颈口就容易扩张，产程也就明显缩短，生第二胎时顺产占大多数。所以，对于第二胎是否会难产的问题，产妇不必有太多的担心。

生产，这对于二胎孕妇来说是一个重要的问题。政策的问题解决了，心理的问题解决了，家庭的问题解决了，孕妇和胎儿的健康问题也解决了。这么多前提条件都准备好了，生产过程当然是不能出现问题了，因此对于二胎孕妇生产的问题，孕妇以及家人是必须要详细了解的。

可以"一夜之间"要个宝宝吗

吴女士今年35岁了,在生下第一胎之后,由于政策的限制,吴女士便打消了要第二个孩子的念头。

为了避免意外怀孕,吴女士总是吃避孕药避孕,不敢有疏漏。几个月后,吴女士发现自己对避孕药的反应越来越大,因此,在朋友和大夫的建议下,吴女士选择了一种型号的避孕环,解决了意外怀孕的烦恼。到今年为止,避孕环在吴女士的身体里已经待了10年。

随着新二胎政策的出台,吴女士又动了生二胎的念头。年初,她去医院把戴了多年的避孕环给摘了下来。没想到的是,她和丈夫几番努力,二胎没有要成,反而让吴女士得了妇科病。吴女士很奇怪,按说自己和大夫都很洁身自好,怎么会无缘无故地得妇科病呢?难道与避孕环有关?

吴女士这样的疑惑不知道读者当中有多少人有,当年为了避孕方便,很多已育一胎的女性朋友都选择了避孕环。避孕环,对于女性朋友的身体没有任何不良影响,摘掉之后也不会影响正常的生育功能,然而却也不意味着避孕环和避孕套一样,只要摘下来就可以要宝宝。

避孕环摘掉以后,夫妻俩应该注意两个重要事项:

首先,摘避孕环之后的恢复。医生建议,在摘掉避孕环的两周内,夫妻最好不要同房。

避孕环摘掉之后,女性朋友们都应该要休息至少3天,防止敏感部位感染,而在其后的两个星期之内,同房和坐浴也应该是严格禁止的。

　　一些女性在摘掉避孕环之后的几天，阴道可能会有少量出血或血性白带，这种现象是正常的。但是，若出血的量较多或者时间较长，女性朋友就应该及时去医院检查，避免被细菌感染。

　　其次，摘掉避孕环之后间隔半年再尝试怀孕比较合适。

　　放置在宫腔内的避孕环会导致子宫内膜有无菌性的炎症反应出现，增生了白细胞和巨噬细胞，子宫液会改变，对胚激肽有破坏的作用，从而让受精产生困难，甚至有的避孕环还会影响胚囊的发育。

　　所以，想要二胎的夫妻不要在摘掉避孕环后想着立刻要宝宝，一般间隔半年再孕会比较合适。你越是着急，有时候越是难以达成。最起码要在取环后经过三次正常的月经周期后再怀孕，让子宫内膜有恢复的时间，这样做既是为女性朋友的健康着想，也是对宝宝未来的健康负责任。

　　此外，摘掉避孕环的女性朋友要注意休息，一周内最好不要做过重的体力劳动。之后要经常去医院复查身体，确保身体健康，适合再次怀孕。刚刚摘掉避孕环，女性朋友要注意饮食调理，适当增加饮食营养，特别是多吃一些铁元素含量丰富的食物，如瘦肉、猪肝、猪腰子、鸡蛋等食品，也可多吃豆制品，增加对蔬菜和新鲜水果的食用。一般经上述饮食调理，能有效地预防因上环后的副作用给人体带来的体能消耗。

　　总而言之，宝宝的健康对于父母来说是大事，而宝宝能否健康直接取决于母体是否健康。当年我们用避孕环的方式来避孕，这种新的科技确实给婚后生活提供了很多便利，但是我们也不能因为它是科技的产物而觉得它完全没有副作用，而对于副作用，想要二胎的女性朋友是不能不重视的。

🍑 高血糖，生二胎不能不重视的一环

随着人们生活水平的提高和工作压力的加大，糖尿病成了人们健康的杀手。我们有理由相信，很多想要二胎的女性朋友就存在高糖问题，因此，想要生一个健康的宝宝，糖尿病方面的问题妈妈们一定要搞清楚。

孙蕾是个28岁的二胎妈妈，她第一胎生的是个女儿，虽然孙蕾夫妻对女儿也很喜欢，但保守的婆婆还是想要让她再生一个男孩儿。今年年初，孙蕾怀孕了，这可把婆婆给高兴坏了。

然而不久隐患来了。在一项例行检查中，医生提醒孙蕾，她腹中的胎儿有巨大儿隐患。自己和丈夫的身体一直都好好的，怎么会孕育出巨大儿呢？孙蕾非常不解。大夫对孙蕾说，巨大儿的产生很可能与她有妊娠糖尿病有关，在一番体检之后，孙蕾发现自己还真是不知道在什么时候得了糖尿病。

为什么平时健康的人到了妊娠期却患上了糖尿病呢？医学的解释是这样的：妊娠期糖尿病之所以发生，是因为随着孕周的增加，胎盘分泌的胎盘泌乳素、催乳素、糖皮质激素、孕激素等激素逐渐增高。这些激素在外周组织中有较强的拮抗胰岛素功能，导致胰岛素敏感性降低。为了维持妊娠期糖代谢的平衡，孕妇胰岛细胞增生、肥大，胰岛素分泌增加。与非孕期相比，胰岛素分泌量增加 2 ~ 3 倍，餐后胰岛素代偿性分泌增加更明显。

上述变化出现在妊娠 24 ~ 28 周的时候，如果该阶段孕妇胰岛细胞不能代偿性分泌较多的胰岛素，将会导致糖代谢紊乱，出现妊娠期糖尿病。而近些

年，随着生活条件越来越好，我国妊娠期糖尿病发病率有增高的趋势。妊娠期各种因素导致的妊娠期糖尿病，很多患者可能没有相应症状，查空腹血糖也属正常，因此很容易被忽视或漏诊。

妊娠期糖尿病对孕妇及胎儿有多种不良影响，一般头胎年龄阶段适合的产妇，由于身体健康，多半不会因此而产生太大的问题。但是对于二胎孕妇来说，妊娠糖尿病可就要注意了，因为生二胎的产妇年龄多半比较大，身体状况不如生一胎的时候好，很可能造成安全隐患。它容易造成妊娠期高血压、生产感染、产道损伤、产后出血、羊水过多、巨大儿、糖尿病酮症酸中毒、流产、早产、畸形儿、新生儿呼吸窘迫综合征及新生儿低血糖等，必须引起重视。

因此专家建议，只要有条件，孕妇应该在妊娠 24 ~ 28 周的时候去医院进行"糖筛"，以尽早检测出是否有妊娠期糖尿病。

另外，需要注意的是，在生产之后，妊娠糖尿病的隐患也不是就此消失了。妊娠糖尿病如果产后不加以控制，也可能发展为 Ⅱ 型糖尿病。针对此种情况，专家建议妊娠期糖尿病患者在产后 3 个月后可以去医院做一个糖耐量试验，如果检测结果不正常，那就说明这已经不是单纯的妊娠期糖尿病了，而是发展成 Ⅱ 型糖尿病了，需要在内分泌科医生的指导下接受降糖治疗。若糖耐量检测结果正常，则说明糖尿病症状已经消失，但患者仍需定期监测血糖、定期复查，以便及早发现糖尿病。

而除了妊娠期糖尿病，关于普通糖尿病的防治，二胎孕妇也是应该注意的。我们中国人对于怀孕这件事有一个错误的观念，即"一个人吃两个人补"。很多怀孕的女性朋友担心营养不足，除了丰盛的三餐外，还"狂吃"补品、水果、奶制品等加餐，导致营养过剩，这也为孕期肥胖和妊娠期糖尿病等埋下隐患。

某医学机构曾做过二胎妈妈糖尿病预防认知的调查，调查对象以二胎备孕期和二胎孕期内的准妈妈为调查对象，结果显示超过 80% 的女性都不了解糖尿病对于胎儿的危害，不知道在怀孕时要注意营养过剩这个问题。

抱着"一个人吃两个人补"此种观点的孕妇，一定要注意，很多水果当中都含有大量的糖分，吃得太多很容易升高血糖。因此孕妇吃水果绝不是越多越好，吃水果的时间最好在两餐之间，每次少吃一点。预防妊娠期出现糖尿病，孕妇还要从饮食上避免热量过剩，既要照顾胎儿的营养需要，还要避免热量摄取不足。针对于此，营养专家建议怀孕的女性朋友一般每天可进食三顿正餐三顿副餐，每顿热量控制在 30 ~ 35 千卡。

而对于那些已经有糖尿病迹象的女性朋友，专家强调如果二胎孕妇的血糖明显升高，且不能通过饮食及运动控制达标，那就应该及时去咨询专科医生，在医生的指导下进行胰岛素治疗，避免盲目服用降糖药。

因为知识缺乏，生活压力大，我们当中的很多人已经成为糖尿病困扰的对象，糖尿病给我们的生活带来很多不便，我们当然不希望我们的孩子再经受这样的困扰，因此对于想要二胎的女性朋友来讲，糖尿病这一看似不起眼的问题，实际是不能不重视的。

第四章

经济基础决定一切，要二胎是养一个孩子的"加强版"，必然需要做父母的投入更多的时间、精力和金钱。如果没有经济基础做保证，要得起而养不起，那么倒不如暂且搁置二胎计划。须知给两个宝宝同等优越的生活环境，这才是对宝宝负责任。

你真的为生育
二胎做好准备
了吗

生二胎之前有没有考虑时间和精力

二胎政策刚刚出台的时候，很多盼望生二胎的夫妻都像喜从天降一样兴奋，他们知道盼望已久的第二个宝宝终于可以到来了。然而，在冷静之后，有些夫妻则陷入了沉思，因为以前有政策因素在，现在政策不再是问题了，二胎的阻力真的就没有了吗？

更有甚者，有些夫妻在新二胎政策刚一出台的时候就一冲动要了二胎，但等第二个宝宝真的开始走入生活时，才发觉自己考虑的东西还是太少了。下面故事中这个小洁女士就是一个这样的妈妈。

2013 年初，已经是一个孩子的母亲的小洁又迎来了自己的第二个宝宝——一个可爱的小公主。小公主的到来圆了小洁的二胎梦，但同时也给她的生活带来了意想不到的变化。

在生二胎之前，小洁是一家公司的人事经理，这一职位是她通过 8 年时间辛辛苦苦工作得到的。在第一个宝宝出生的时候，小洁还只是该公司的一个普通职员，因此照顾宝宝的一年时间没有对小洁的职业生涯产生什么过大的影响。但现在不同了，对于已经是大龄产妇的小洁来说，二胎的孕期和恢复期都比之前长，而且她那个岗位又不是可有可无的。就这样，在小洁还在恢复期的时候，她得到了一个消息，公司任命了新的人事经理。虽然说小洁在公司的待遇仍然保留，但她明白这意味着什么，自己辛辛苦苦 8 年换来的成绩，因为生二胎而打了水漂。

在竞争激烈的现在，一份安定的工作可以说是可遇而不可求的，通过努力得到了，又怎么能忍心将它拱手让给别人呢？小洁一直想要第二个宝宝，现在她实现愿望了，她应该高兴才是，但是眼看着事业受损，恐怕任谁也咽不下这口气。

养孩子不是买宠物，看着喜欢就买，买回家想照顾就照顾照顾，不想照顾就任它自己玩耍。孩子，尤其是 6 岁以下的小孩子，片刻都离不开人。在哺育第一胎的时候，很多女性的年龄并不大，还有精力来照顾孩子，但问题是到了第二胎出生的时候，你可能已经在职场上取得了一定的位置，有了一定的工作业绩。如果让你把这些全部放下，安安心心在家里哺育第二胎，这个成本你愿意支付吗？

该不该辞去工作，这是很多想要二胎的母亲都会遇到的难题。不辞工作，恐怕精力分担不过来；辞去工作吧，这个成本就有点太高了。对于这样两难的问题，很多人都无从选择。在这里，我们只能提醒想要二胎的母亲，工作的问题是要二胎之前必须要谨慎考虑的问题。

有些女性可能觉得自己是女强人，仍然可以像要第一胎那样两头兼顾，但是她们可能忘了，随着年龄的增加，身体恢复的时间越来越长，而此时产假却相应地缩短了。

一般来说，通情达理一点的公司，对于员工第一胎会给 6 个月左右的产假，但是到了第二胎时，很多公司便没有那么"通情达理"了，严格按照国家规定来，即给予 3 个月的产假。公司这么做我们也可以理解，毕竟公司是有成本的，谁也不愿意自己的员工只拿钱不干活。但是就现在来看，怀二胎的员工一般年龄都在 30 岁上下，此时的身体状况更需要时间来恢复，3 个月的时间比生一胎时少了一半，产妇的身体能够得到良好的恢复吗？

除了在工作上精力不足之外，妈妈们还要面对另一种精力不足：没空应对大宝宝的教育问题。一般家庭里，第二胎出生的时候，正是第一胎接受学龄前教育的时期。这一阶段很需要家长的陪伴，那么产妇又必须要做好在第一胎的教育和第二胎的哺育之间分配时间和精力的选择。

生二胎给第一胎带来的心理影响不再多说，我们之前都已经讲过，需要心理疏导，问题才能解决。但长期来看，兼顾第一胎教育才是大的问题，因为人的时间和精力毕竟是有限的。

试想一下，孩子上到小学二三年级的时候，开始懵懵懂懂地接触社会，此时是心理向外探索的时期，需要妈妈爸爸经常出来答疑解惑。而如果第一胎孩子正值青春期，也离不开妈妈的陪伴和疏导。这两种情况无论是哪一种都是孩子的关键时期，母亲白天工作一天，晚上回家要洗衣做饭，还要哺育第二胎，那么哪里还有时间来照顾第一胎？

有些人对生二胎有这种思想，一只羊也是赶，两只羊也是放，凑合着带呗！但我们要明白，现在是精养时代。孩子生养可不是吃饱喝足就万事大吉，毕竟我们都是对社会负责任的公民，不想给社会添麻烦，希望教育好孩子，等他长大后能自力更生为社会尽一分力量。况且，生活不是只有爱孩子，还有爱自己、爱家庭，这个精力和时间去哪里寻找呢？

所以，在计划生第二个孩子之前，大家一定要考虑到：自己的精力是不是够？能不能协调好？如果不能协调，你该如何取舍？

事业和生二胎如何兼顾？做好职业生涯规划

咱们中国人讲"成家立业"，成家在立业的前面，因此，对于中国人来说，家庭在人生中占的分量应该是要比事业大的。然而，对于思想越发开放的年轻人来说，事业的地位在他们的心中得到了显著的提高。虽说事业不一定要比家庭重要，但至少是提到了和家庭同等重要的位置。

因此，在考虑是否生育二胎的时候，很多女性朋友便提出来这样的问题："我的事业怎么办？已经因为第一胎耽误了一回的事业，还得再耽误一次吗？或者说从此干脆不顾及事业而安心在家里当家庭主妇？难道职业生涯就此就终止了吗？"

事业和家庭对于想要二胎的女性朋友来说能否兼顾呢？答案是：很难！具体难在哪里，不妨看看下面的故事：

狄茜茜今年33岁了，家庭事业都很成功。海归硕士毕业的她在一家私营企业做研发主管，有一个4岁的女儿；丈夫经营着一家个体公司，收入也不错。

在生育了女儿之后，茜茜只休息了不到两个月就回到工作岗位上了，那时候她还仅仅是一个小职员，她这种敬业的态度老板很认可，就这样她被提拔成了副主管，并一步步成了今天的主管。

最近，新二胎政策的消息茜茜也了解到了，她的丈夫一直想要一个男孩儿，茜茜便打算借此东风，再生一个孩子。但是，想到自己的工作，茜茜便开始犹豫了。生女儿的时候自己还只是一个小职员，离职对公司也没什么影响，但现在不一样了，自己处在公司的重要岗位，自己的离职对公司的影响实在是太大了。

而且自己的身后是这几年来一直对自己很照顾的老板，虽说自己因为生二胎要休的产假老板不会不给，但好不容易把自己培养起来，就这样放老板一年鸽子，很难说老板不会不满。面对这样要么不生二胎，要么不厚道的局面，茜茜真是陷入了两难当中。

如果读者也与茜茜有同样的经历，相信你也一样会为生不生二胎而苦恼。当然有的读者会说，茜茜和老板只是雇佣关系，厚不厚道不在考虑范围之内，就算生二胎也无所谓。然而要知道，在职场上，厚道只是一方面，茜茜还有其他要考虑的事情。

其一，经济收入够不够支撑。我们这里讲的经济收入，指的是茜茜老公的收入够不够维持家庭正常支出和生二胎的费用。要知道，茜茜可以去生二胎而不必要考虑老板的感受，但同时老板也可以扣发、少发茜茜的工资，这样茜茜的收入就受到了影响，所有的压力都堆积到了她老公的身上。所以，家庭收入够不够支撑生二胎，也是茜茜在选择是否离职时要考虑的问题之一。

其二，职位能不能保得住。我国法律规定，对于孕产期的女员工是不能够解聘的，但是停岗却没有问题。茜茜现在好不容易爬到了公司管理层，因为要生二胎而离职，那么她的职位就必须有人来接手，等茜茜回来之后，别人已经干得得心应手的职位还会给茜茜让出来吗？想来未必，因此这也是茜茜在选择是否要离职生二胎时考虑的问题。

其三，换工作。在实在没有办法的情况下，茜茜大可以一走了之，干脆辞职专心生二胎。可是问题来了，等孩子出生之后，不甘心在家里做家庭主妇的茜茜怎么办呢？重新找工作吗？那很可能需要很长一段时间，而且，不一定能找到合适的工作，甚至可能浪费她之前几年的努力。

读者可以设身处地地替茜茜想一想，有这三个大问题横亘在面前，要二胎还是那么容易决定的事情吗？

那么，生二胎和事业就不能兼顾了吗？其实也不是。父母们在生孩子之前，就做好职业生涯的规划，将生二胎和职业生涯列到一张表格中来，寻找二者之间可以协调的方式。

举一个例子，我们看过不少从事新闻媒体工作的女性，在三十几岁的时候选择进修，而等她们从国外进修回来，孩子也生出来了，这就是一个很好的职业和生二胎兼顾的方法。

我们在规划自己的职业生涯的时候，是应该留出一些时间给自己提升职业能力、再学习的，这段时间我们完全可以集中在一两年之内完成，而这段时间是不需要太动脑子的，这不就正好给了我们一个要二胎的机会吗？

当然，这里只是举一个简单的例子。类似这样的合理搭配，在具体操作中我们还能寻找到很多种，譬如，在行业可见的淡季中休产假。只要将职业生涯和生二胎计划合理搭配，这两者是不会互相冲突的。

我们讲了这么多，其目的就是告诉想要二胎的女性朋友，要二胎这件事绝不能盲目草率地下决定。一听说国家政策允许了，什么也不考虑就打算回家生二胎，这是不负责任的做法，不但是对自己的事业不负责任，更是对你的家庭、你的未来不负责任。

🖤 家庭负担重，若生了怎么养

按常理说，新二胎政策现在出台了，而我们中国人又一贯喜欢多子，那么怀二胎的孕妇应该突然增加才对，然而实际情况却似乎并不是如此。我们可以去医院看看，那些挺着大肚子待产的孕妇，90%以上都是怀的第一胎，怀第二胎的寥寥无几。

原本渴望着生第二胎，现在可以生第二胎了，大家应该都去生啊，为什么怀第二胎的反而寥寥无几呢？这是因为在很多人的眼中，生二胎会给自己的家庭带来更大的负担，自己恐怕负担不起。

今年年初，在上海上班的周刚夫妇开着新买的车回到了安徽农村老家。一路上夫妻俩既轻松又高兴，可万万没有想到，接下来的日子会如此令人烦恼。过年期间，周刚夫妇轮番遭遇亲友的催生，搞得他们身心疲惫，而催促的问题就是一个：生二胎。

周刚今年31岁，大学毕业后就留在了上海的一家贸易公司上班。7年前，他通过朋友介绍认识了现在的妻子，两个人很快结婚了，婚后两人生活甜蜜。结婚两年后，两人有了一个活泼可爱的女儿，女儿断奶后，就被抱回安徽老家，由周刚的父母帮忙照看。

周刚的母亲最先提出这个事："你俩再要一个吧，俩孩子以后还有个伴儿，趁现在我们还能动，帮你们再照看一下……"

周刚和妻子都是农村户口，且第一胎是女儿，按照计划生育政策是可以要第二个孩子的。周刚之前没考虑过这个问题，并且这事也没和妻子商量过，突然听到母亲这么一说，一时不知该如何回答。

等冷静下来后，周刚考虑了一下，自己现在6000多块钱的工资再加上妻子每月不到4000元的收入，两个人一年的收入也不过10万，还房贷、供养老人和教育女儿之外还能有点盈余。就是靠着这点盈余，周刚买了车，过上了自己想要的日子。如果再要一个孩子，那么生活成本恐怕得提高，从此以后不要说盈余，恐怕不借钱就不错了。这样大的生活压力，周刚怎么能够安下心来要二胎呢？

在二胎政策出台之后，某媒体曾做过一次关于是否要二胎的调查，调查结果显示：在适龄且符合生二胎条件的夫妻中，超过一半的夫妻不想要二胎，理由是"现在养育孩子的成本太高，即使想生也感觉心有余而力不足"；有超过四成的夫妻对生二胎持谨慎态度，理由是"工作繁忙，担心尽不好父母的责任""照顾孩子实在是太辛苦了，不想再生一个了"；而只有不到一成的夫妻表示想要生二胎。由此可见，家庭负担实际上已经成了横亘在二胎之前的一块拦路石，很多夫妻迈不过家庭负担这个坎，因此选择了不要二胎。

小朱就特别发愁。小朱在事业单位工作，丈夫是政府公务员，两个人的收入还都不错，但因为要还房贷，还要供养已经上小学的女儿，两个人的生活支出都是有打有算的，有时不够还要向父母寻求帮助。现在好了，第二个孩子出生了，光买奶粉的钱就让小朱夫妇愁得够呛，第一个孩子的支出每个月还在增加，这钱可从哪来呢？总不能事事都找父母要吧？

我国目前已经进入了"生育成本约束驱动"的低生育率阶段。生育政策或已不再是影响人们生育意愿和生育行为的首要因素，取而代之的是经济、社会和文化等因素。

作为传统的中国人，我们都相信多子多福，作为受过高等教育的一代，我们也明白该给孩子创造良好的成长环境的道理，因此要二胎无论是从文化情感还是从培养下一代的角度，对我们来说都是非常合理的选择。

说钱的问题虽然俗，但却是一个不能不考虑的大问题，在生二胎之前不考虑清楚，那么等孩子生下来之后，等待你的就将是不间断的麻烦，毕竟经济是一切的前提。在经济没有保障的前提下，盲目地要二胎是一种很草率的做法。当第二个宝宝降生以后，我们无法再给予他高质量的生活环境，反而可能导致我们自己的生活质量下降，这样一来可就得不偿失了。

　　所以从这个角度看，国家调整生育二胎的政策也是有特殊考虑的。这既体恤民意，同时又具有众多的经济意义。然而，面对沉重的经济负担、社会压力，不少正值生育年龄的夫妇不得不陷入沉重的思考和计算当中，这在一定程度上也体现了我们当代中国人的生育观念开始逐渐向理性迈进了。

估算二胎的生养成本，尽量做好节流

　　媒体曾经做过计算，以目前的社会形势来看，养大一个孩子即便再节省的家庭也至少需要三十几万，而要想让孩子在优越的环境中成长并且接受良好的教育，没有一百几十万是下不来的。

　　养一个孩子就这么多钱了，那么养两个孩子不是要多一倍？三十几万翻一倍就是六十几万了，这谁还养得起啊？相信这是很多夫妻的忧心所在。

　　的确，如今，物价水平在不断地上涨，这就必然导致了第二个孩子的生养成本也会随之增加。此外，养育两个小孩需要的房屋居住条件也不同。在孩子还小的时候，两室一厅的房子对于一家四口或许还可以，但当孩子长大以后，让两个小孩住在一个房间就不再合适，需要更大的住房才能够满足家庭需求，而逐年上涨的房价就会对家庭产生不小的压力。

　　而今，本着孩子要富养的原则，很多父母在子女身上投入了巨大的物质成本。譬如有的孩子从小就上早教班，各种课外学习，在吃、穿、用上的花费都很多，使得很多家庭背上了沉重的负担。

　　孩子上学以后，家庭的负担就变得更沉重了，尽管在义务教育范围内家长不用支付学费，但在课外课程盛行的今天，一些课外学习的费用则会带来更大的开支。以早教班而言，现在一个 20 课时的早教班就要上千元，幼儿园则更贵，目前城市里的幼儿园一年的学杂费等费用合计也在 1 万元左右，上了小学之后每年必交的补课费更是一笔不小的费用。

　　这么一计算，如果采用此般较为"富养"的投资，那么养育和教育一个小孩的成本或将达到上百万元。

不过，需要提醒读者的是，抚养第二个孩子的成本具体如何还是因人而异，而对成本的考量也因各人情况不同而有不同的标准。

赵大哥今年32岁，是一名工薪族，他有个4岁的儿子叫乐乐，最近新政策出台之后，赵大哥希望再要个孩子，但是却不敢要。

赵大哥算了一笔"养孩费"：老婆生儿子时，在医院就花了8 000元。儿子刚出生时5天喝一罐奶粉，而一罐就需要300元左右；"尿不湿"每个月得上百元。

他跟朋友抱怨："还要买衣服，上游泳班、早教班，总之一个月得花3 000多元。现在孩子大了，奶粉吃得少，但是零食、衣服、玩具不能少，而且都得上档次的，每个月还得要花1 000多元。这么大的开销，你让我怎么放心要第二胎啊！"

供养两个孩子的支出真的就等于一个孩子支出的两倍吗？很多有养两个孩子经验的人告诉我们，并不一定。在计算供养第二个孩子的成本的时候，我们是不能简单以大孩子的花费乘以二的。在很多时候，小宝宝其实是能比大孩子省不少的。

强强妈是两个小孩的母亲，大儿子今年6岁，小女儿还不到2岁。强强妈和老公一年的收入在20万左右，养两个宝贝每年差不多3万就可以了。

强强妈的经验不同于大众以为的那样第二个孩子更费钱，其实真的养起来，第二个孩子的成本较之于第一个小孩是可以有所降低的，养两个孩子并不会多出一倍的开支。强强妈举例说，每月两个小孩的开支2 500元左右，若以后小女儿要上幼儿园则会再多出1 800元左右，到时每个月两个小孩的总开支在4 500元，年支出在5万多元，占家庭收入的1/4，并不会造成压迫性的经济压力。

强强妈说小宝宝的生养成本明显比大儿子时降低了，特别在有了第一个孩子的经验之后，生小宝宝时就懂得了节约一些不必要的开支。因此，尽管在饮食、教育等开支上的确是2倍的费用，但仍然有一些开支可以节省。譬如养一个小孩请一个保姆，养两个孩子还是只需请一个保姆。而一些婴儿用品不再追求最贵的，而是只买合适的；大孩子的一些玩具，小宝宝可以接着玩。

其实，有强强妈这样经历的人不在少数，王女士也是两个孩子的母亲了，小女儿2岁左右，大儿子则快要10岁了。

王女士算了一笔账：大儿子现在就读四年级，从去年开始还参加了少年宫的武术兴趣班，每年各种支出加起来起码要3万。现在多了个2岁的小女儿，奶粉、婴幼儿保健品啥的，在很节约的情况下每个月也要花费3 000多元。其他开销方面，服装和带孩子出门旅游每年要花掉近2万元；再加上交通费、玩具等各种支出，这样算下来，养两个小孩一年起码要花10万。

"我和丈夫都是白领，工资加起来也不少，就目前来看，这样的经济负担还是可以承受的。可是，再过几年小女儿也要上学了，费用肯定会更高，女孩子还要学点音乐舞蹈什么的，每年起码又要多出来2万～3万元。"王女士如此表示，不过考虑到王女士30万的家庭年收入，这样的开销也并不是支付不起。

不过王女士倒是觉得养育孩子熟能生巧，"明显感觉第二个比第一个的生育成本要低，起码玩具、婴儿床什么的都不用再买了，换尿片、喂奶等日常工作也能够驾轻就熟了。而且大孩子小时候一有什么头疼脑热的就去医院，这让我积累了不少经验，第二个孩子的医疗支出能降下来不少。有时我们累了，儿子还能搭把手带带妹妹，感觉比养第一个孩子轻松不少。"王女士说。

从强强妈妈和王女士的话中，我们发现，在生养第二个孩子时，如果能适当节省，就能节约成本。如果是不同性别的小孩，或者年龄差距小于2岁的孩子，这些开支则并不能节约多少，不过，对于拮据的家庭来说，这也可以暂时缓解肩上的压力。

有一个问题还需要读者特别注意，那就是不少母亲在面临是否生育二胎的问题时会有这样的困境，即生完二胎后是继续工作，还是做全职家庭主妇？

　　我们可以预想到，照顾两个小孩要花去的精力必然是要多于一个小孩的，尽管现在家政市场繁荣，我们可以去请保姆来帮忙分担照看小孩的负担，但做母亲的也必然是要有所付出的，这样一来，矛盾就出现了。

　　从经济的角度考虑，如果保姆的工资比妈妈的工资还高，那么妈妈就可以在一定时期内辞职做家庭主妇，而且自己带孩子更有利于孩子的成长；而如果妈妈的工作收入远远高于请保姆的花销，那就没有必要辞职带孩子了。

　　综上所述，养育二胎的成本虽然不能简单地叠加养育一胎的成本，但总体而言，养育两个孩子的成本还是比较高的。因此，一个家庭事前要做好经济规划，尽量做好节流。当然，光节流还不够，你还要通过理财给自己开源。

❤ 理财开源，生二胎不"生"负担

网友月下冬雪详细算了这样一笔账：

产检：加上医生开了些营养补充品，2 000 多元。

奶粉：打算请在外国的朋友帮忙代购，一个月 1 500 元。

纸尿裤：一年得 5 000 元以上。

衣服玩具：一年至少 3 000 元。

请保姆：一个月 2 000 元。

早教班：肯定是要去读的，一年超过 2 万元。

幼儿园：一个月不到 3 000 元。

小学到中学教育：加上兴趣班、择校费之类的，估计没有 20 万搞不定。

这笔账一算下来，很多工薪家庭的夫妻头就开始大了。按照这个花费，照顾一个孩子尚且还要勒紧裤腰带，要是再生一个，恐怕就要更拮据了。那么，我们大家的二胎梦就这样被金钱给剥夺了吗？我们就没有一点办法改变这种局面吗？

当然不是，其实生养二胎的负担虽然大，但也绝不是无路可走。如前所述，生二胎的生活成本是很大的，节流只能暂缓经济压力，更好的办法是开源。

如何培养好第二个孩子，这比拼的当然是家庭的财力，不过只要不是收入过低的家庭，通过理财规划，提前准备，多少都能够在一定程度上解决问题的。

譬如教育成本，家长可以在计划生二胎阶段就开始储蓄，建立基金体制，甚至通过购买教育金保险等形式，为第二个孩准备未来的教育经费。

如果父母们对理财不擅长，那不妨求助于银行的理财专家。一位理财专家认为，两个孩子家庭的理财计划，一般应该分以下几步来进行：

首先，储备紧急备用的现金。一般来说，将家庭半年左右的月支出作为紧急备用金，足以应对家庭的意外支出。但针对有两个孩子的家庭，可以将紧急备用金增加至一年的支出，以提高整体资金的流动性。

以中小城市为例，只有一个宝宝的时候，一般家庭月支应该在 5 000 元上下，那么再加上第二个宝宝出生后的费用，紧急储备金就应该在 80 000 元上下。不过理财专家也指出，虽然是紧急储备金，但读者也不一定将其放在活期存款中，只要保证这笔钱在需要时随时可取就可以了。

其次，中长期资产。对于有两个孩子的家庭而言，最大也是最难的问题是孩子的培养，即教育费用，而这一费用是随着孩子年龄的增长不断增加的。因此在孩子还未长大的时候，父母就应该根据自己的收入水平和风险承受能力，将家庭结余资金合理配置于中长期资产中，以提高长期的投资收益。

理财专家建议，收入较低、风险承受能力较弱的家庭，可选择固定收益类及低风险类的投资，如银行存款、国债、银行理财、债券基金等，以获得相对稳定的收益。而对于收入较高、风险承受能力相对较高的家庭而言，可以酌情将部分结余资金投资于中高风险类的项目，如混合基金、股票基金、股票、贵金属等。在投资过程中，谨记分散投资的原理，不要将全部鸡蛋放到一个篮子里。

以月收入在 10 000 元左右的普通城市家庭为例。月结余一般可在 4 000 元上下，对这 4 000 元的分配可以采取"三三制"原则。这是指 1/3 做低风险类投资，如短期理财基金、债券型基金；1/3 做固定收益类投资，如银行定期存款、国债、银行理财；1/3 做中高风险类投资，如基金定投和股票。

再次，家庭社保也要合理安排。一般而言，家庭的总体保险配置原则是，在夫妻二人社保齐全的情况下，商业保险年保费支出应占家庭总收入10%，保额一般为家庭年收入的 10 倍以上。配置商业保险时，应优先考虑保障性较高的产品，如重疾险、人身意外险、定期寿险等，也可根据自身经济实力酌情为孩子增加儿童教育金险，提早储备教育金。

二胎的降生，家里多了一个孩子，就相应地需要多一份保障来应对家庭成员的人身和财产安全。新增保险配置应先大人后小孩，因为只有父母健康才能养育未成年孩子。对于父母，应适度增加保费投入，为家庭获得更完善的保障。

同时养育两个孩子，这对于我们广大工薪阶层而言，无论谁家都不容易。家长责任会加大，家庭负担会加重，甚至在某一时期还可能出现家庭支出的高峰，给家庭带来不可预料的拮据。而现在，通过理财可以帮我们避免这些麻烦，缓解可能随之而来的各种压力，何乐而不为呢？

别纠结于面子，合理安排养家和看孩儿工作

生二胎不容易，养二胎也不容易。在生第一胎的时候，很多人的想法是，孩子生出来之后哺育几个月，之后就交给家里的老人，让家里老人帮忙照看孩子，自己该上班上班，该忙事业忙事业，互相之间没有冲突。

但有了第二个孩子就不同了，一来大孩子还没有长到能够离开人的地步，家里老人可能没有精力帮忙再带小宝宝，父母当中的一个需要拿出主要精力来带孩子；二来家庭支出要比以前多了，又要多赚点钱以供养家庭。这样一正一负两个方面考量，谁来照顾孩子、谁来赚钱养家就成了大问题。很多夫妻就是在这个问题上无法解决，才痛下决心打消了要二胎的念头。

29岁的小柔在西安市的一家公司做文员，她和老公都是独生子女，可以生两个孩子，而且两个人只有一个女儿，确实想再要一个孩子。但考虑再三，全家人还是一致决定：不再生第二个。"生一个都没精力带，再多一个压力太大。"小柔这样叹息道。

小柔和老公都在西安市区上班，家却在临潼区，每天要花3小时在上下班路上，下班到家最早也要到晚上七点，周末俩人还常加班。女儿小的时候，她几乎所有的时间都是和奶奶在一起，是奶奶一手把她拉扯大的。

"平时也就是下班回家带一会儿，一个星期和孩子在一起的时间连一天都不到，晚上孩子基本都跟我婆婆睡，怕影响我们休息。"小柔说，"养孩子不仅花钱，你还要花很多时间精力教育她，现在工作压力大，哪有那么多时间让你好好照顾孩子。生一个婆婆还能给带，过两年再生一个，婆婆老了，自己没时间，谁给带孩子？"

为了让孩子今后受到更好的教育，小柔和老公在西安买了房，每月要还房贷、车贷，还要给孩子存教育基金，"我俩现在是头拱地地努力挣钱，再生一个我们简直没法活了"。

　　是啊，就像小柔这样的生活条件，生下二胎来给谁养，给谁带呢？那么，对于没有钱又没有精力的夫妻来说，二胎之路难道就此就堵死了吗？对于此，读者不应绝望，事情总能找到解决的办法。

　　那么，怎么解决这个难题呢？

　　首先，有一个人是一定要告别工作的。那么谁告别工作呢？一般人肯定会说，当然是女人回家带孩子了！不错，在我们中国人的传统观念里，带孩子这样的事情就是应该交给女性去做。然而我们的看法很现实，谁赚钱多谁养家。

　　李安是华人的骄傲，拿过几届奥斯卡奖，是当今影坛最红的导演之一。然而在取得如此大的成就之前，李安是有过很长一段时间的"家庭主夫"经历的。

　　当年以优异成绩从纽约大学毕业之后，李安曾试图开拓自己的电影事业。然而，演艺行业毕竟不是那么好混的，在长达6年的时间里，李安大部分时间都蛰伏在家。干什么呢？做家务、带孩子。而家庭的主要经济支柱是收入颇高的妻子，李安曾自述说，每到傍晚做完晚饭后，他就和儿子一起兴奋地等待"英勇的猎人妈妈带着猎物回家"。

　　有一个笑话调侃李安。李安拿了奥斯卡最佳外语片奖后，一次和太太去超市买菜，一位家庭主妇认出了李安。这个美国妇女趁李导把大包小包往车子后备厢里塞的时候，对李太太耳语："你可真幸运，你的丈夫到现在还有空陪你买菜。"李太太转头看了对方一眼，朗朗地答道："你有没有搞错？今天是我有空陪他买菜。"

形势比人强，成功如李安这样的人又能怎样？在妻子强过自己的时候，就只能站在妻子的身后，这才是正确的选择。

因此，夫妻俩在谁养育孩子、谁赚钱养家的问题上，不应该纠结于面子问题。如果妻子赚钱比丈夫多，那么丈夫也可以成为辞职照顾孩子的那一个。

照顾孩子的人手有了，那么养家的人就相应减少了，因此作为养家的人，就更应该肩负起这个家的责任，想办法拓宽自己赚钱的路子，更努力地赚钱以满足增加的家庭开支。

而且，在现如今这个信息发达的社会，兼职也不失为一种选择。如果想生二胎的女性朋友是个知识型的工作者，那么兼职对她来说应该是不在话下的。譬如说会计、审计、作家、编辑、法律顾问，等等，这些其实都是可以兼职的。这样在既能有时间和精力照顾孩子的同时，也不耽误赚钱养家，何乐而不为呢？

养孩子是件难事儿，而因为没有钱、没有时间导致孩子得不到应有的照顾，则是一件不小的家庭悲剧。很多家庭养一个孩子没问题，养两个孩子就无暇兼顾了，而正是因为这样的问题存在着，为人父母的更应该开动脑筋，灵活分配家庭成员的义务，这样才能实现事业和家庭的兼顾，才能无后顾之忧地去养育第二个宝宝。

第五章

你会因为有了小宝宝就疏忽了对大宝宝的照顾吗？你会觉得小宝宝年龄小需要格外关照而对两个宝宝区别对待吗？你认为这么做无可厚非，但大宝宝却未必会这么想，他会认为是小宝宝从他身边夺走了你。别嗔怪大宝宝不懂事。孩子终究是孩子，怎么把两个孩子都哄好，这才是你要考虑的问题。

ANG

有了老二，别忽
视了老大

💕 有了老二之后，被忽视的老大抑郁了

在一次亲子论坛上，一位妈妈讲述了"老二来了之后，老大就抑郁了"的真实故事：

我儿子原本是个活泼开朗的孩子，但自从我在几年前生了第二胎之后，就发现他的情绪一天比一天低沉，话也说得很少了，放学之后经常把自己关在屋子里不肯出来。我发现他似乎有些不对劲，但也不知道出了什么事，问他，他也不说。

我以为是什么事让他闹情绪，打电话给他的老师，想问明白发生了什么。但老师却告诉我，儿子在学校很正常，没出现什么特别的问题，但他确实比较沉闷，不太爱和小朋友们一起玩儿。我一听，发觉这完全不像以前那个活泼的儿子了，于是赶快带他去看心理医生。

心理医生和儿子接触了几个小时，终于找出了原因。原来，儿子觉得家里有了个小宝宝，自己就不再是爸爸妈妈的小宝宝了，不光不被关心，做错事了也得不到谅解了，还经常受小宝宝的气，他怀疑是爸爸妈妈不想要自己了。

现在的小孩儿，生活上享受着父母高标准的满足，但精神上却出现了很多问题。尤其在两个孩子的家庭，父母在给予孩子物质满足的同时，往往会忽略对大孩子的精神照顾，这就会导致大孩子出现精神方面的问题，抑郁就是其中最突出的一例。

抑郁是一种较持久的、忧伤的情绪，一般只发生在长期处于高度工作生

活压力下的中年人群中。因而，当我们家里的宝宝也出现了抑郁的状况时，我们就应该明白，他们身上的压力过大了。

一个还不懂事儿不知道生活艰辛的小孩子，他能有什么压力呢？答案就是竞争。小宝宝的到来，让家中的大孩子感觉到了竞争，他害怕失去在家里的地位，在父母心中唯一的地位，进而产生了巨大的压力。

有了问题就要想办法解决，大孩子的压力来自小宝宝，我们总不能把小宝宝送走吧？当然不行。不过，我们还有另一个解决大孩子抑郁的途径，那就是引导他将抑郁的情绪宣泄出来。

有位儿童专家说过："情绪的波动对有些人可以发挥积极的作用。那是由于他们会在适当的时候发泄，也会在适当的时候控制，不使它们泛滥而淹没了别人，也不任它们淤塞而使自己崩溃。"作为父母，我们要试着帮助孩子宣泄情绪，缓解压力，放松心情。

情绪的宣泄有很多种方法，首先是大喊。当孩子压力过大的时候，可以带孩子去一些空旷的地方，让孩子将心里的压力大喊出来，在这个过程中能够让孩子抑郁的情感得到释放。另一种宣泄方式是让孩子哭出声来。孩子的抑郁有时是因为心里有委屈，又无法说出来，这时候我们就不如让他痛痛快快地哭。一旦孩子把心里的委屈、痛苦都哭出来了，这也就大大降低了孩子产生抑郁的可能性。

作为防患于未然和亡羊补牢的方法，父母平时一定要多和孩子交流，引导孩子当着我们的面把难受的事情说出来。父母应该是孩子最亲最值得信赖的人，也就理所应当要成为孩子最忠实的交流对象。

比如，大孩子看到小宝宝后就闷闷不乐，我们如果不问大孩子，是肯定不会知道发生了什么事情的。这个时候就需要我们主动地去引导大孩子说出他们的问题。可能是他的什么东西被小宝宝弄坏了，也可能是看到小宝宝做了自己不喜欢的事情。只要把原因问出来，我们知道了大孩子闷头不说话的原因所在，才能对症下药，采取合理的方法，同时孩子也会因为把心事讲了出来，而缓解了心中的压力。

此外，大人还可以通过激励孩子去做事来转移注意力。当抑郁情绪缠绕孩子时，他们会什么事情都不想做，什么事情也不愿想，完全处于一种迷茫的状态。孩子还太小，对于如何转移注意力还没有办法。这时我们做父母的就应该帮孩子了。

父母可以为他们选择一个短期目标，比如，帮孩子制订一个和小宝宝玩耍的计划，或者报一个他喜欢的业余活动班，引导他去做自己喜欢的事，以分散注意力。同时，父母还要对孩子积极的行动给予鼓励，让孩子意识到他仍然受到父母的关爱，让他感觉到除了和小宝宝争抢父母的爱之外，他还有很多事可做。

最后，父母也可以带大孩子出去多运动，运动能有效减轻压抑感，还可以加深父母和大孩子之间的情感联系。比如，一起和大孩子出去打打球、去野外踏青，等等，只要能让愉快的活动占据大孩子的时间，就可以把他们的注意力从那些烦琐的事情中解脱出来，慢慢地他们心里的积郁也就被消化掉了。而在这类亲子运动中，大孩子也能充分感受到父母对自己的不同于对小宝宝的爱。

我们拥有了小宝宝，却让大宝宝从此变得抑郁起来，这无疑是得不偿失的。因此，对于大孩子的抑郁，家长一定要格外重视，及早发现，及早解决问题，如此才能保证让两个孩子都生活在欢乐幸福当中。

别嗔怪老大"吃醋"

很多生育二胎的妈妈都有这样的困惑，在大孩子的面前，不能表现得对小宝宝太好，否则的话大孩子就会哭闹。

自己生小宝宝，其中的一个目的就是为了让大宝宝成长的过程中有一个伴，结果大宝宝非但不喜欢自己这个新来的小伙伴，反而总表现出对他的厌恶。本来是满心欢喜地要一个小宝宝，没想到却闹成了这个样子，这实在是让很多妈妈始料未及。

两个月之前，小迪的妹妹来到这个家。小宝宝的睡眠不好，但小迪却是个活泼好动的孩子，平时他每天在家不断地用东西敲出各种各样的响声。后来，妈妈抱着妹妹，再三警告让小迪小声点，谁料小迪非但不听，还故意越弄越大声。最后，妈妈怀里的妹妹被吵醒了，张嘴大哭起来。为了给小迪一个教训，妈妈挥手就给了小迪一巴掌。结果小迪不但没停下，反而也哭起来，闹得声更大。

从这天开始，小迪再不像妹妹刚出生时那样，会去摇铃给妹妹听、捏妹妹的小手。妹妹看着小迪，小迪却冲妹妹大喊"看什么看"，还动不动就冲妹妹做鬼脸。

小迪以前脾气不这么坏，但不知道为什么现在变成了这个样子。现在只要看到妈妈抱着妹妹，小迪就会突然爆发，大哭大闹，然后狠狠地把门摔上回到自己的屋子里去。

其实，每当这时，小迪都埋在被窝里哭，说："自从有了妹妹，我的幸福生活再也没有了，连大声说话都不可以！大家还怪我！"

　　小迪是怎么了？相信很多读者都有此疑问，我来帮大家解答这个问题，小迪这样的表现，其实是吃妹妹的醋了。

　　大孩子吃小弟弟或小妹妹的醋，这是很正常的一件事情。要知道，孩子对于母亲有天生的依赖性，一旦离开母亲，孩子就会本能地感到恐惧和不安。因而，当家里再来一个人与他分享母亲的爱，甚至于母亲爱这个"入侵者"比爱自己还多，那么大孩子理所应当就会吃醋。

　　一般而言，如果你的孩子有如下的表现，那就说明他正在吃小宝宝的醋。

　　一、不能忍受对自己亲近的大人疼爱小宝宝。比如说，看见家长抱着小宝宝，大孩子也会要求家长抱自己。

　　二、排斥比自己玩具多、零食多的小宝宝。比如说，不让身为小宝宝的弟弟或妹妹陪自己玩，有些大孩子甚至不允许弟弟或妹妹靠近自己。

　　三、尿床。随着小宝宝的一天天长大，大孩子却一天天在变小。小宝宝喝奶时他也要，他也非要妈妈抱，甚至夜里尿床的次数也增多了。这是因为他正幻想自己变小了，这样爸爸妈妈就会一样关注他、疼爱他了。

　　四、在幼儿园里闷闷不乐。幼儿园老师来电说孩子最近在幼儿园里话变少了，总是闷闷不乐、心事重重的样子，也很少参与到集体活动中。

　　五、对获得家长表扬的小宝宝怀有抵抗情绪。当看见爸爸或妈妈表扬小宝宝时，大孩子往往表现得不高兴、不服气，认为自己不比弟弟或妹妹差。有些甚至还会当面揭发小弟弟或小妹妹的缺点。

　　六、争夺玩具。大孩子总和他的弟弟或妹妹"争夺"玩具。

　　七、威胁小宝宝。因为一些事情批评了大孩子，大孩子到最后越来越恼火，公然咬牙切齿地说要把弟弟或妹妹杀死、打死、扔掉。

　　大孩子有如此多的情况可能是在吃醋，这可能是很多父母始料未及的，那么，对于大孩子如此频繁地吃醋，父母应该做些什么呢？

　　不要让大孩子觉得父母只想着小宝宝，要多关心大孩子。

　　大人可以告诉大孩子爱的方式。妈妈和以前一样爱你！只是，因为弟弟与你年龄不同，所以妈妈爱你们的方式也就不同。并不是妈妈不爱你了，当你小的时候妈妈也是像照顾小宝宝一样照顾你的。

放下小孩子抱抱大孩子。爸爸妈妈要记住即使你们变得很忙，也要寻找机会放下手中的小孩子，来抱抱这个身边的大孩子。刚开始也许会有些困难，但渐渐你就会发现，孩子之间的关系会越来越融洽。

在照顾两个孩子上面，父母可以明确分工。譬如，刚出生的小宝宝更需要妈妈的照顾，那妈妈就分配多一些精力在小宝宝身上。此时，爸爸则需要把大部分精力放在照顾大孩子身上。

当然，孩子幼年非常渴望母爱，所以，就算有了上述的分工，母亲也应该抽出一些时间和大孩子在一起单独相处。和大孩子一起玩耍、散步，在这段时间里，让他一个人在你身边。另外，大人们可以拉大宝宝一起照顾小宝宝。

大孩子吃小宝宝的醋，说到底还是一个年龄小的问题。随着年龄的增长，这一问题会慢慢地减弱。然而，做父母的也不能因为事情会慢慢解决而放任不管，须知小时候的很多心理伤害，在成年之后都会埋下严重的心理隐患，因此对于孩子吃醋这件事，做父母的应该重视起来。

别把第一个孩子甩给老人

对于想要第二胎的夫妻来说，精力是一个大问题，毕竟在第二胎降生时，第一个孩子年纪还小，也需要人照顾，两个孩子同时需要父母分担精力，父母就不免有些应付不来了。

那么应付不来的父母该怎么办呢？有些"聪明"的父母有"妙招"，那里不还是有长辈呢嘛，爷爷奶奶、姥姥姥爷肯定都有精力，他们也乐意照看小孩子，那就把已经大一点的第一个孩子交给他们去照顾呗，这不是一举两得的做法嘛！

有些人扬扬得意，觉得把大孩子交给父母，这样一来一方面解决了父母晚年没事做的问题，充实了父母的晚年生活，另一方面还替自己分担了压力，自己可以专心照顾刚刚出生的第二胎，没有比这更好的安排了，然而事实真的如此吗？

林牧去年年初拥有了自己的第二个宝宝，在小宝宝还未出生之前，林牧就考虑过如何带孩子的问题。林牧是一家小公司的老板，妻子则辞了职专心在家里带孩子，但现在准备生二胎了，两个孩子一起带，这对于妻子来说肯定是一个不小的难题。林牧和妻子想来想去，最后决定把已经快上小学的大孩子交给父母来带，反正父母也退休了，在家无事可做。

因此，在小宝宝出生一个月之后，林牧把大孩子送到了父母家，然后每隔几天去看望。最初孩子知道自己要去爷爷奶奶家还挺高兴，但是住了几天，便吵着要让爸爸妈妈把自己带回去。当得知自己是被寄养在爷爷奶奶这里了，孩子当时就不干了，又哭又闹，大声嚷嚷说："爸爸妈妈有了小弟弟就不要我了。"经过好一番劝说，林牧才算是把大孩子稳住了，但是从那天以后，林牧每次去父母那里看孩子，都会看到大孩子反常的反应，甚至有几次大孩子干脆避而不见，这让林牧难受不已。

在自己精力不够的时候，让父母来帮一帮忙，帮着带一下孩子，这不失为一种选择。然而，要二胎的父母必须要对孩子有个认识，那就是孩子不像成年人，对很多问题都不会有一个理性的看法，他们只会凭借自己的本能反应来对待身边发生的事，尤其是事关自己的事，他们的本能反应更加强烈。

小宝宝出生之后，老人帮着带大宝宝，这在父母看来是看很正常的，但在大宝宝那里，却可能被理解成为爸爸妈妈有了新的宝宝便不喜欢自己了、不需要自己了，在这样的理解之下，你让孩子如何来接受爷爷奶奶呢？

如果说单纯不能接受爷爷奶奶还算是好事儿，怕就怕孩子长期在这样的心理下成长，带着这样的心理走过青春期，大孩子势必会对小孩子有一种敌视。"就是他把我从家里赶出来了！""就是因为他，我才不能回自己的家，不能拥有自己的爸爸妈妈！"而一旦孩子有了这样的心理，那么两个孩子之间就必然产生敌视和隔阂，这对于他们的成长是没有任何好处的。

有这样的两个姐妹，姐姐比妹妹大4岁，在妹妹出生之后，姐姐被寄养在了姥姥家，直到十几岁才回到家里。在回到家里之后，姐姐认为自己是被妹妹赶出去的，进而事事都与妹妹为难，经常寻找机会"报复"妹妹；而妹妹则把这个姐姐当成是"空降"到家里的，以前家里所有东西都是自己的，现在多了个姐姐过来抢，自然心里也很不爽，常常和姐姐争得不可开交。就这样，姐妹俩打斗了整整两年，完全没有姐妹亲情的意思，直到两年后姐姐又被送回姥姥家才算结束。

对于小宝宝的到来，很多大孩子本身就难以接受，现在，你又因为没有精力把大孩子从自己身边带走，这无疑就是人为地给两个孩子制造隔阂，实则是非常愚蠢的做法。而且，因为有"第三者"的到来，自己就被迫失去待在父母身边的机会，这对于大孩子来说也是非常不公平的。

而且，还有一个重要的问题也是做父母的应该考虑的，那就是长辈带孩子是否会有不合适的地方。对于这个问题，早有教育专家指出过，隔辈人其实是不宜帮忙带孩子的。专家认为，隔辈人带孩子有几个常见的弊端，稍微处理不好，就可能对孩子的成长造成不良的影响。

弊端一：放纵和溺爱。隔辈人疼隔辈人，这是我们常听到的一句俗话，经历了艰苦岁月的老人家，很多都会有一种补偿心理，他们会想着将自己无法给予子女的优越生活全数转移投射在第三代身上，而这种宠爱往往很容易变成毫无原则的迁就和溺爱。经过老人这样带出来的孩子，往往过于以"自我为中心"，会影响到孩子以后自我意识的发展，甚至形成自私、任性的不良性格。

而且，孩子在隔辈的爷爷奶奶庇护下容易出现两个极端：一个是极端胆小怕事、不合群、寡言少语、应变能力差、性格内向；另一个极端则是性格外向，但却又胆小怕事，在家里是个专横跋扈的小霸王，离开家却毫无独立能力，一遇到问题就退缩，一受欺负就只知道躲到大人的身后寻求保护。

弊端二：保护过度和包办替代。在对孩子的照顾上，祖辈们包办代替的程度要明显高于父辈，譬如不厌其烦地迁就宝宝；替宝宝收拾扔了一地的玩具；即便宝宝已经会走了，还是抱着宝宝上下楼梯；吃饭时一口一口地喂，有时还要追着、求着喂。这种种做法看似是对宝宝无微不至的照顾，但却恰恰束缚了孩子的手脚，错过了让孩子"自己整理，物归原位，自己吃饭"的成长期。

包办和代替会严重阻碍孩子独立能力的发展，使他们一遇到困难就失去信心，只会叫喊着等别人来帮忙，不会尝试、锻炼，只会哭闹和发脾气。

弊端三：老人的教育观念陈旧。社会总是在不断发展的，同代人之间都会出现代沟，就更不用说隔代人了。很多老人的思想比较传统，接受新生事物较难较慢，这也就导致了他们教育及养育观念相对落后，而且多年形成的思维模式和生活方式不容易改变，这也导致他们在带孩子的时候难免发生与时代脱节的问题。

一般来说，老人偏向于喜欢乖巧、听话的孩子，因而不善于运用科学的、有创造性的方式引导孩子。对于孩子因好奇心而出现的"捣乱""破坏"等具有冒险和创新性的探究行为，也将之视为不安稳，总是急着加以阻止。

而且，祖辈落后的教育模式会严重影响孩子对新知识的接受速度，这会使孩子在成长的过程中缺乏创造性思维与发散性思维的锻炼，对于孩子的成才是很不利的。

更严重的是，那就是很多祖辈因为自身文化程度不是很高，思想相对比较陈旧，还可能在无意识间教给孩子一些跟不上时代潮流的封建思想。譬如某地有个小女孩，被奶奶带大，在小的时候居然要背诵《女规》这样的书。

总而言之，孩子的成长环境是决定孩子一生的大事情，在没有考虑清楚的情况下，因为第二个孩子的到来而将第一个孩子推给老人，这是一种很不负责任的做法，对于孩子的成长没有好处。因此，想要二胎的父母们，在这个问题上还要三思，因为你们要二胎的目的可能多种多样，但绝没有想要用第二个孩子来替代第一个孩子的。

别让小公主、小皇帝有被边缘化的不安感

"爸爸妈妈有了小弟弟就不要我了！""我在这个家里是多余的！"类似这样的话每每从孩子的口中说出，让父母不能不担心。

本来是想再要一个小孩子来给大孩子做伴，让大孩子的童年生活不用那么孤单，然而现在却变成了小孩子来"替代"大孩子，这是很多父母始料未及的。

王丹现在是两个孩子的母亲了，她有两个可爱的儿子，这让身边的很多朋友都很羡慕。但是，在朋友们羡慕眼光的背后，王丹颇有些无奈。

王丹的大儿子今年刚上小学二年级，而小儿子才不过3岁。3年前，考虑到大儿子已经足够大了，王丹和丈夫决定实施自己的二胎计划，很快王丹就怀孕了，10个月的待产后，最终又生下了一个可爱的儿子。

然而，让她没有想到的是，第二个孩子的诞生，却是她烦恼的开始。自从小宝宝来到家里以后，大儿子就变得和以前不太一样了。原本很可爱的大儿子变得越来越敏感，脾气也越来越暴躁，动辄就和王丹吵闹。王丹一句话的责备，就能换来儿子红着眼睛哭一天。上个礼拜，王丹给小儿子买了一件玩具，这玩具是大儿子小时候没玩过的，大儿子一看立即红了眼睛，默默地给王丹留下一封"绝笔信"离家出走了。

随着第二个孩子来到家里，第一个孩子必须要经历一个艰难而复杂的适应过程。他们将体验成为一个哥哥或姐姐，不再是家里人迁就的唯一对象，甚

至有可能要迁就别人。他们会感觉到自己在这个家里被边缘化了。

如果是一个成年人，这个角色可能很快就会转变过来，但同样的事情落在孩子身上，适应起来可能就没那么容易了。孩子的心智毕竟不成熟，对很多事都没有足够的理解能力，尤其是事关自己在家中、在父母心中的地位的问题，孩子是不会那么容易接受的。

在孩子眼中，父母就是一切，而现在突然出现一个小宝宝来和自己抢父母，孩子的紧张是理所当然的。面对这种紧张，父母应该以成熟的方式来缓解，而不是火上浇油的批评、责罚，因为这样非但无法取得任何效果，还可能适得其反，让大孩子更加觉得自己被抛弃了，更加不安。

其实，大孩子很多的极端行为不过是他对于小宝宝的不接受，大孩子没有成熟的方式表示出自己的不满，因而就会由着性子，想到什么方式就用什么方式发泄，面对这些极端的发泄行为，父母应该对症下药，从根本上解决问题。

极端行为一：大孩子无视小宝宝。

在有小弟弟或小妹妹时，有些孩子会表现出对这个家庭新成员的冷漠，其方式就是无视。假装小宝宝是不存在的，避免与小宝宝接触，等等。拒绝承认他的存在，这表明大孩子对小宝宝有负面的感觉，他不知道如何表达。

面对这种行为，父母们要抗拒强迫你蹒跚学步的孩子认识婴儿的冲动。相反，专家建议可以给大孩子一点时间，让他调节自己的时间表，让他自己慢慢去接受事实。

极端行为二：大孩子侵犯小宝宝。

侵犯是一种在不安感驱使下的极端反射行为，当你的大孩子愤怒、悲伤、恐惧或沮丧而又不被理解并且不能表达时，他就会表现出强烈的侵犯行为。大孩子可能会攻击小宝宝，或者父母等其他人，甚至有可能试图伤害自己。

面对这种情况，一则要关心大孩子，稳定他的情绪，让他感受你的爱。而在大孩子的侵犯行为没有消失之前，且不要让他在无人监督的情况下和婴儿在一起，以防会有意想不到的事情发生。

极端行为三：极度黏人。

本来已经开始有自己生活空间的大孩子，一夜之间变得非常黏人，这到底是怎么回事儿？其实这就是他不安的表现，如果大孩子的年龄没有超过 6岁，他可能表现为哭得更多，越来越抵制在睡前跟父母分开或者上日托班。而如果孩子超过了 6 岁，他的表现则可能是离不开父母，没有父母在身边就不开心，等等。

大孩子如此黏着父母，其实只是因为他们希望你能每时每刻地陪着他们，所以，当父母在照顾小宝宝的时候，可以选择带上你的大孩子一起，让他们感到你一直在他们身边。

极端行为四：回归行为。

所谓的回归指的就是孩子做低于他年龄的事情。我们老家有句歇后语叫"睁着眼睛尿炕——明心眼子癫憝"，感到被边缘化而不安的孩子，也可能有这样的行为。本来已经几年不尿床了，在小宝宝到来之后却又拾掇起尿床的"本事"，这就是一种回归。通过回归行为，孩子的目的是抢回父母对自己的关爱，因为他以为小宝宝之所以更受到父母的关爱，就是因为他这些不能自理的行为。

面对孩子的回归行为，父母应该在其出现后做出预案，预先估算好孩子回归行为的再次出现。如果孩子不是足够大，还可以像照顾新生儿一样照顾他，以化解他心中的妒忌和不安。

无论孩子有何种极端行为，其出发点都是抢夺自己"失去"的父母之爱，因此与其在事情出现之后去对症下药，不如在事情还未发生之前就做好预防。

父母的预防措施是尽量在两个宝宝之间一视同仁，甚至于更迁就大孩子一些，小宝宝毕竟不懂事，照顾他可以多用一点精力，但对于大孩子，则尽量用感情和爱来"笼络"。让大孩子感受到他仍然是这个家庭的中心，使他意识到自己的重要性，这样他就不会因为地位被取代而感到不安，那些被边缘化而出现的各种极端行为也就自然而然地消失了。

理解大孩子对小宝宝的"讨厌"

我们可以假设一下，原本你和某个人如胶似漆，你在他心目中的地位没有人能够取代，但突然，一个新来的人出现在了你们中间，这个新人取代了你在对方心中的地位，对于这个新人，你接不接受我们先不谈，但至少在你的心里肯定是会觉得他讨厌的。

我们作为成年人，遇到这种地位被别人取代了的事情都会觉得对方讨厌，那么作为还不懂事的孩子，当小宝宝来到家里取代他的地位时，他表现出的讨厌就是再正常不过的事情了。

"就是经常要留心，稍微一不注意，老大就把老二打了，你说你都这么大了，不帮爸爸妈妈把弟弟照顾好，还老是欺负他，你坏不坏嘛！"在某儿童医院的专家诊室里，赵先生对医生诉苦。

在这个月里，这家诊室里已经来过几对这样求助的父母了，他们都是因为家里新增宝宝之后，大孩子出现了不同程度的烦躁、易怒和焦虑的情绪。

明明今年9岁，因为赵先生和妻子均是独子家庭，因此他们在明明5岁时生了第二胎。明明在弟弟鹏鹏出生之后刚开始的几年时间里，一直对弟弟挺好的。

"又不是只大一两岁，一般来说都不会争抢什么的。"但是在最近几个月时间里，明明却突然出现了很大的变化，总是趁着家人不在时，一把抢走小弟弟嘴里的食物，或者把弟弟玩得正开心的玩具抢过来扔在地上，吓得小弟弟哇哇大哭。

"我们开始都以为孩子还小，爱搞些恶作剧。"两个孩子都是妈妈在带，这让她最近很烦恼，"鹏鹏其实挺崇拜哥哥的，总是喜欢天天围着哥哥转，可哥哥经常欺负弟弟，弄得弟弟现在都有点怕哥哥了。"

而最近几周，明明欺负弟弟的表现越来越明显，好几次妈妈总是听到鹏鹏在卧室突然大哭，冲进房间里发现孩子摔倒在地上喊："哥哥推我！"明明则若无其事地搓着手。

赵先生回家后听到妻子告状，劈头盖脸对着明明一顿吼，但是事情并没有结束，越到后面越让人恼火，"明明居然咬牙切齿地说要把弟弟杀死、打死。"明明的话让妈妈很伤心，"从小兄弟俩感情就不好，今后可怎么办啊？"

如无意外，明明这是对弟弟心生厌恶了。那么为什么明明小的时候不怎么欺负弟弟，长大了却开始对弟弟厌恶了呢？对此，专家的解释是，明明这孩子心智成熟较晚，在很小的时候还没有感觉到弟弟对自己的威胁，而随着年龄的增长，明明开始越来越多地感受到威胁，进而对弟弟心生厌恶。

其实明明绝不是个例，儿童专家发现，在目前生二胎的家庭里，长子厌恶小宝宝是非常常见的一个现象。经过研究，专家认为这种现象之所以发生，原因在于现在的家庭多是独生子女，从小娇生惯养。

而当第二个宝宝降生之后，家长把精力过多地投入到第二个孩子身上，忽视了对长子的关心，让长子有种被抛弃的感觉。长子就会将父母不再爱自己的责任推到弟弟或妹身上，认为弟弟或妹是多余的，是跑过来取代自己的，因而是非常讨厌的。

那么，对于这种现象，作为父母应该如何解决呢？专家给出的建议是，理解和沟通。父母首先要明确一点，即大孩子讨厌小宝宝绝非无理取闹，反而是应该理解的。我们之前说过，换一个角度思考，我们可能也会心生讨厌，因而我们就不能要求心智不成熟的孩子坦然接受这个问题。

而既然站在了理解的角度，父母就不能对大孩子太过苛责。不要因为大孩子讨厌小宝宝的行为就动辄处罚，更不要打骂，这反而会适得其反，让大孩子把"痛苦遭遇"的根源更多地怪罪在小宝宝的身上。

父母要充分理解大孩子内心的痛苦情绪，并引导他用语言表达。如果他一说"我讨厌小宝宝"，大人就回应"小宝宝多可爱，你应该喜欢他"，那么大孩子就会感觉自己不被理解，会产生逆反心理，会更加讨厌小宝宝。

　　这样的话，父母不妨先听听大孩子说什么，问他为什么讨厌小宝宝？是不是担心爸爸妈妈会把对你的好分给小宝宝？也可以说"你讨厌小宝宝是很正常的，因为你还不习惯家里多一个人"，总而言之，就是疏导大孩子用言语表达自己的不满，进而平复他不正常的情绪。

　　此外，父母要向大孩子表达爱，给他传递信心。信心的重塑会让大孩子感觉到安全，而一旦因为小弟弟或小妹妹对自己的地位没有威胁了，讨厌自然也就没有理由了。

　　不过，专家不建议家长对大孩子说"爸爸妈妈最喜欢你了"这样的话，因为这样的话并不真诚，很容易就被孩子用实际中的行为推翻。而且这种话还在向大孩子暗示，暗示父母的爱是分等级的，这就很容易给大孩子造成恐惧心理。

　　父母最合适的做法是告诉大孩子，"你和小宝宝对爸爸妈妈来说都是很特别的，我们对你和对小宝宝的爱是一样多的"，进而可以列举大孩子的可爱之处，让他了解自己"值得被爱"。更重要的是，父母要在日常生活中真正做到一视同仁，因为孩子毕竟是孩子，更多的判断只是来自直观的感觉。

　　还有，当大孩子因讨厌而产生极端行为时而父母不得不处罚时，也应该注意处罚和批评的方式，尤其不能在小宝宝的面前处罚批评大孩子。

　　对两个孩子情感的平衡，对孩子的成长至关重要，要根据孩子的个性调节。如果大孩做了不妥的事情，一定要单独和他谈，千万不要当着小宝宝的面。大孩子本来就难以接受小宝宝，让小宝宝看大孩子的"好戏"，这会让大孩子更加难以接受并心存误解，进而增加对小宝宝的厌恶之感。

　　宝宝出现心理问题，这是二胎家庭十分常见的困扰，对于这种困扰，父母要分清类型，寻找原因，妥善教育，且不可听之任之，也不可粗暴对待，须知只有科学地应对，才能给孩子一个美好的童年。

大孩子处在叛逆期，多一点恰如其分的爱

在前面的章节，我们一直在强调父母要对大孩子和小宝宝一视同仁，要给他们付出一样的爱，尤其要让大孩子感觉到父母并没有因为小宝宝的到来而忽视他们。

上述的是总原则，而在具体问题上，家长们应该在把握总原则的基础上因地制宜地关爱孩子。也就是说，父母亲对两个孩子的爱是需要一视同仁的，但给予时要注意方法。

冷了给衣服穿，饿了给饭吃，哭闹了就哄一哄，不高兴就逗他开心，离不开自己就干脆搂着一起睡觉，这是小宝宝需要的爱。但在大宝宝这里，尤其是年龄稍微大一些的孩子，爱是需要更高层次的。

萱然是两个孩子的母亲，大儿子今年11岁，已经开始上小学三年级了，小宝宝前年出生，比大孩子小了整整8岁。

在要二胎的时候，萱然曾就考虑过大孩子能不能接受的问题，而等小宝宝出生之后，因为害怕大孩子觉得自己被冷落了，萱然无论做什么事都尽量照顾着大宝宝，力求在两个孩子之间能够公平。

萱然这样做确实让大孩子没有感觉到小宝宝的威胁，三年里面，大孩子一直对小宝宝喜爱有加，这让萱然很是高兴。

然而最近几个月，萱然却发现事情起了变化，对于和小宝宝一样的爱，大孩子表现出越来越严重的反感。昨天下午，小宝宝饿了想吃东西，萱然就做了一碗鸡蛋羹给小宝宝，但是怕大孩子觉得不高兴，萱然又做了一个大孩子最

爱吃的肉煎饼，端到了正在玩电脑的大孩子身边。结果没想到萱然的平衡之举却招来了大孩子的反感："我又不是小孩子，我要是饿了我自然会说，你别有事没事就跑我房间来。"

听到这样的话，萱然一阵莫名其妙，看来孩子真是长大了。可是，如果以后就此不再一视同仁，萱然又怕大孩子不知哪天又会有意见。这进也不是退也不是，实在是让萱然不知该如何是好。

美国著名儿童作家玛格丽特·怀兹·布朗女士曾经出版过一本插图童话，名字叫作《逃家小兔》。故事讲的是某一天，一只叫尼巴的小兔子突然对他妈妈宣布说"他要跑走了"，接着就以此为主题和妈妈进行了一番有趣的对话。

其实，很多的家长都要面对着和尼巴妈妈一样的问题，一直都黏在自己身边甩都甩不掉的孩子，有一天突然想要离开我们了。而此时，作为有两个孩子的妈妈，还想着在两个孩子之间找平衡，这就难免会让大一点的孩子有被当成小孩儿的感觉。

我们知道，随着孩子年龄的增大，大部分孩子都会步入叛逆期。在这个叛逆期中，孩子的独立意识和自我意识会日益增强，他们迫切希望摆脱家长对他们的"束缚"。他们不再同意自己是"小孩儿"，而常常以成人自居，这无疑就给了两个孩子的妈妈很多烦恼。该如何爱他呢？

对于这个烦恼，教育专家的建议是，对叛逆期的大孩子更要关爱，只不过关爱的方式不能和小宝宝一样，而是应该用一些更特殊、更有技术含量的关爱方式。

小宝宝需要被爱的表现形式是需要照顾和关心，而大孩子需要被爱的表现形式则是需要更多的沟通和自由。父母要在小宝宝和大孩子之间转换自己的角色，对小宝宝做父母，对大孩子则要开始变成朋友了。而作为朋友的父母所要做的第一件事便是要学会和大孩子平等地沟通，主动去掉一些在他们身上已经不适宜的"爱"。

除了给孩子减去一些已经构成负担的"爱"之外，父母还要下放些权力给孩子。因为孩子进入青春叛逆期后，格外渴望得到外界的认可和尊重，父母注意权力的下放，一方面是对他们想要表现自我的满足，另一方面也是对他们人格的尊重。

家长要尽量去掉诸如"你应该如何""你必须如何""你知道什么"这类的话语，尽量用"你放手去做吧""我相信你能行"这样的话语激励孩子。因为叛逆的孩子在内心深处是不认同他人对他的指点的，尤其是父母的指点，无论是多么好的话，在他们的耳朵里也是非常的刺激。因此我们把命令的话语改成鼓励的话，这反而会让他们冷静下来，在遇到困难的时候他们也能够更坦然地向我们求助。

另外，叛逆期的孩子都渴望拥有自己的小天地，所以，面对关于他们的事务，家长切不可擅作主张。比如很多父母经常把孩子的课余时间表排得满满的，一下子给孩子报很多补习班，全然不管孩子愿不愿意。一个弄不好孩子就可能从此"剥夺"你为他规划未来的权利，那父母可就后悔莫及了。聪明的家长在面对叛逆期的孩子时，都会考虑给孩子点自由，孩子自己去安排时间，然后再对孩子安排得不合理处给出自己的意见以供孩子参考。

面对叛逆期的孩子，家长还要注意保护孩子的隐私权，这一点我们中国的家长做得非常不好，总是以"我怕你被人带坏了"等理由，私自进入孩子的房间偷看孩子的信件、日记、聊天记录，这无疑是对相互之间关系的一个重大打击。每个人都应该有各自的隐私，父母有什么资格偷看孩子的隐私呢？叛逆期的孩子一般是不愿意对父母敞开心扉的，但即使这样，父母也不应该用这种类似于强迫的手段去了解孩子，要知道你不尊重孩子的同时，孩子也会对你产生不尊重的心理，因此不就更加叛逆了吗？

每个有两个孩子的父母对两个孩子的爱都是没有差别的，我们不怀疑父母对于大孩子拥有最热忱的爱，甚至有的家长为了让两个孩子享受无差别的爱不惜牺牲掉自己的幸福，但这无形之中也增加了孩子的心理负担和精神压力。

把大孩子当小孩子看待，这会导致他们越发讨厌父母的安排，变得更加叛逆，因此真诚希望家长朋友们能够明白什么叫作"生命不能承受之重"，别让无差别的爱成为大孩子叛逆的源泉。

不要拿"孩子小"来当借口偏爱幺子

"你是大哥哥，本来就应该让着小弟弟。""妹妹这么小，我不抱她难道要抱你？都读小学了，还这么不懂事！"这样的话语在两个孩子的家庭里时常可以听到，而每次这样的话说出口，背后一定就是父母亲对大孩子的责备和大孩子委屈的目光。

对于很多父母来说，偏爱小宝宝似乎是天经地义的事情，宝宝年龄小，当然更需要照顾。而在大孩子小的时候，该给予的爱已经给予过了，现在大孩子成长起来了，出于平等起见，小宝宝也应该享有大孩子曾经享有过的照顾。

孟瑛今年已经9岁了，一年前读小学时妈妈又生了一个小宝宝。看着妹妹的降生，孟瑛也和父母一样高兴。可是这一年多来，爸爸妈妈的所作所为却让孟瑛感觉自己是多余的。

原来，在小妹妹降生之前，妈妈每天都会接送孟瑛上下学，而小妹妹出生之后，妈妈就把自己的任务交给了校车。

之前每个礼拜，爸爸妈妈就会带着自己出去玩，不是去公园野餐，就是去游乐场、动物园，反正是每个礼拜都有安排。但自从小妹妹降生之后，除了爸爸一个人带着孟瑛去了一趟滑冰场之外，孟瑛所有的周末都被安排在家里学习。

有好几次，孟瑛眼巴巴地恳求爸爸妈妈带自己去游乐场，但却遭到了妈妈的坚决拒绝："妹妹这么小，妈妈要在家里照顾妹妹啊，你都大了，不应该再让妈妈那么照顾你了！"听到妈妈这样的话，孟瑛心里特别不是滋味，眼泪啪嗒啪嗒地掉了下来。

　　孟瑛妈妈的做法偏不偏心呢？肯定偏心。但正不正常呢？这就不好回答了，因为在很多两个孩子父母的眼里，孟瑛妈妈的做法无可厚非。父母的精力有限，在有限的精力中多分出一部分给更需要人照顾的小宝宝，这又有什么错呢？反倒是已经长大的大孩子，父母已经为照顾他付出了那么多的心血，他怎么就不能体谅一下父母呢？

　　这种想法看似有道理，其实，这完全是站在自己的角度考虑问题。我们必须明白，孩子不是大人，在看待问题时他们不会像大人一样成熟，对自己不利的事情，即便是道理再正确，在孩子眼中也一样"没有道理"，一样感觉到委屈。

　　我们经常看到一些孩子，在做错了事之后受父母亲的责备时，不是诚恳地认错，反而是委屈地掉眼泪或者撒泼，这并不都是因为孩子任性，而是因为孩子还没有学会因为道理而让自己退让。因此，对于偏爱老二这个问题，父母处于自己的角度看问题觉得有道理其实是不对的，父母应该更多地站在大孩子的角度，尝试去体验一下大孩子对于父母偏心的感受。

　　父母设身处地地想一想，如果某人一直对你照顾有加，你是他世界中的唯一，而突然出现了一个人和你分享这个人的照顾，你从唯一变成了"唯二"，而且因为这个人更需要照顾，你还得是相对弱势的"唯二"，你会有何感受呢？理智上或许能够接受，但情感上恐怕就不那么容易接受了。

　　大人碰到这种事情，尚且需要让理智来控制情感，那就不用说还没有多少理智的孩子了。所以说，以"宝宝还小""更需要照顾"这样的借口来偏爱小宝宝，只会让大孩子受到伤害。而这种伤害一旦在孩子的心里烙上烙印，想要抹平就不那么容易了。

　　我们现在看时事新闻的时候，常看到因为财产的分配，儿女责怪父母偏心，兄弟反目，姐妹成仇，以至于后来亲人成为陌路人，子女不赡养父母。在这样的家庭悲剧中，我们总是在怪孩子的贪婪和没良心，但儿童教育专家指出，这些孩子之所以"贪婪"和"没良心"，很可能就是因为在他们的心里，有父母"偏心"的想法。专家指出，在很多时候，孩子在乎的不是财产分了多少，而是父母的心更向着谁。被偏爱的一方往往不会因为偏爱而觉得父母对自己额外付出了，而被冷落的一方则会觉得父母对自己不负有责任，这样的心理长期存在，父母就成了里外不是人的角色。

所以，有两个孩子的家庭的父母，对于两个孩子，要尽量给予相同的关心和照顾，即便小宝宝年纪小需要额外的关心，也不能因此忽视大孩子，让大孩子觉得父母偏心。

父母应该怎么做呢？就是在两个孩子中间尽量保持一个有差异的平衡，小孩子年龄小可以多照顾一点，但仍然需要变换方式地让大孩子感觉到他也被同样地关心着。譬如孟瑛的妈妈可以在平日里多照顾小宝宝一些，但到了周末应该抽出点时间来陪伴孟瑛。在譬如小宝宝年纪小需要妈妈哄着睡觉，那么在小宝宝睡熟之后，妈妈就应该去大孩子身边哄他，或者在妈妈哄小宝宝的时候，爸爸来到大孩子的身边，这都是一种平衡。

而且，在小宝宝还不懂事没有太多自我意识的时候，父母甚至可以更照顾一些大孩子的心理和情绪，在大孩子感觉委屈的时候，多安慰安慰他，给他一些额外的关心作为补偿，这也不失为一种事后补救的好方法。

有两个孩子的家庭不同于独生子女家庭，父母和孩子之间的关系有的时候是很微妙的，处理得好，两个孩子会相亲相爱并且敬爱父母；处理不好，则可能给两个孩子今后的成长埋下祸根。有些兄弟反目的悲剧，其实在孩子童年的时候就已经埋下了种子，只是父母还不知道而已，而埋下种子的人，又很可能就是父母自己。

教育专家说："父母和两个孩子一定要保持那种和好的关系，如果这个关系没有了，那么之后的一切的良苦用心都不被孩子理解。"而想要保持好这个和好关系，父母必须要立足在没有偏心的基础上，因为想多照顾小宝宝而偏心进而让大孩子感觉到委屈，即便小宝宝被照顾得无微不至，但父母却失去了在大孩子心中的地位，这无疑是得不偿失的。

♥ 核心绝招——告诉大孩子：我仍然爱你

小宝宝来到家庭之后，大孩子通常会有一段时间的抵触，而随着第二个孩子的长大，两个孩子也可能会出现手足竞争。这种情况在学龄前儿童身上体现得最为明显，而如果第二胎与第一胎之间相差不到三年的话，这种竞争可能会更为严重。

为什么会出现这种现象呢？这很好理解。从情理上讲，先来后到是个很重要的事情，大孩子作为独生子女来到这个家庭，享受着众星捧月的地位。原本他是爸爸妈妈唯一的宝贝，集所有的宠爱和焦点于一身，这个家的生活重心就是他。而如今，他却必须和小弟弟或小妹妹分享父母的爱，无怪乎说大孩子会有一定的心理波动。

精神层面之外，物质层面的分享也是必需的，玩具、衣物送给这位新来的小弟弟或小妹妹是很正常的。虽然这些东西大孩子可能已经不再需要了，但人的占有欲是天生的，自己的东西无故地分给别人，大人可能能够接受，但小孩子却很难说能够"通情达理"。因此，作为大孩子，其实真的是没有什么理由会去喜欢这位新加入的家庭成员的。

李新最近生了个漂亮的女孩儿，她和老公的二胎愿望终于实现了。虽然有了属于自己的"小棉袄"，但是李新的烦心事也来了。

自从女儿降生之后，李新发现6岁的儿子开始变得沉默了。他经常一个人闷闷不乐地坐着看电视，还总喜欢把自己关在屋子里，尤其是看到李新给小妹妹喂奶，儿子总是眼睛红红地扭过头去，迅速从李新身边离开。

儿子的反常行为一直没有引起李新的重视，直到上个礼拜，李新让儿子把他小时候穿过的小衣服拿出来给妹妹时，儿子居然勃然大怒，狠狠地对李新说："你们就要她，不用要我了，我的衣服我谁也不给，撕了也不给她穿。"看着发了疯一样的儿子，李新一时手足无措，不知道该如何是好。

"我失宠了！"这是很多孩子对弟弟或妹妹来到家里的第一反应。心理学家曾做过儿童如何接纳家中新生儿的研究，经过研究发现，在第二个孩子出生后，母亲投注在大孩子身上的感情和注意力的确会减少，这也就难怪大孩子会有"失宠"的感觉了。

对于这种"失宠"的感觉，大孩子因为年纪小还无法用准确的语言来表达，因而便会试图用行为来展现出来。例如大孩子可能会变得更不讲道理、变得爱发脾气、时常哭闹或爱黏人。有些孩子还可能会出现退化的现象，也就是回复到几年前的模样，例如他原本已经不尿床了，如今却又开始尿床，或者又开始要求用奶瓶来喝牛奶。

除此之外，大孩子还可能故意地去做一些恶作剧，例如故意捣蛋，或趁父母不注意时，偷偷地打或捏小弟弟或妹妹，而做这些的目的不言自明，就是为了引起父母的注意。

其实，父母如果能够了解孩子行为背后的原因，就会明白这些行为只是过渡现象，并没有什么需要担心的。因此，在面对这些问题的时候，与其处罚和制止孩子的行为，不如回到问题的源头上去，即解决孩子的不安及失落的情绪。

我们每个人都有自己亲爱的人，那么试想一下，如果有一天你发觉你最爱的人不再像从前那样花时间和你相处，而是把精力都放在了另外一个人身上，你的感受将会是怎样的呢？疑惧、嫉妒、被冷落夹杂在一起的复杂感受，而这正是那些"失宠"孩子的心情写照。那么，这时你会希望你所爱的人怎么做，来消除你心里头的这些不安呢？

在一本国外的教育类书籍中，有一个描述手足间的爱恨情结的故事：先出生的姐姐因为嫉妒弟弟抢走了父母的关爱，有一天她突然有个想法，跑到妈妈的跟前说："弟弟死了!"听到女儿这样莫名其妙的话,做妈妈的反而没有惊慌,也没有立刻跑去看儿子,却紧紧地把女儿抱在怀里。

这个妈妈是一个聪明的妈妈,因为她弄懂了女儿的心理。爱,这才是女儿所需要的。她并不是仇恨弟弟,而是需要确知妈妈还是爱她的,她还是需要有跟父母单独相处的时光。

由此,我们找到了问题的解决方法,那便是告诉大孩子,你仍然很爱他。孩子在小的时候只能面对父母,这样的情况下,父母就是他的一切,失去父母的关爱,就等于失去了安全,会让大孩子觉得没有安全感。而确知父母仍旧是爱他的,无疑就帮他找回了安全感。

一旦孩子有了安全感,那么一切问题都可以慢慢地解决了。孩子不会再执着于小弟弟或小妹妹的负面感受,慢慢地能去发觉这个新家庭成员的优点。

譬如还是在这本书里,随着弟弟慢慢长大,小姐姐发觉弟弟不再只是个动辄哭闹、和自己抢父母的闹人精,而是个很好的玩伴。小姐姐发现,弟弟总会在她的关照下咯咯地笑,也只有她能听得懂弟弟的咿呀学语,她找到了做姐姐的成就感与乐趣——弟弟是最支持小姐姐的观众与崇拜者。

在这样和睦的氛围下,两个孩子将会得到亲情的充分沐浴,这对于他们的成长来说,绝对是要比一个孩子还要好的。因此,父母的关爱是缓解大孩子不安感的方法,如果你也正经历着和李新一样的烦恼,那就去反思一下,自己是否在关注老二的时候,忽略了大孩子的感受,减少了对大孩子的爱。

虽然家庭新成员的到来,给大部分学龄前孩子都会造成一种压力,但只要父母的关爱不偏不倚地给到了位,孩子也都能适应这些随之而来的改变,一开始的问题行为也逐渐消失了。只不过,在这个过程中,有些孩子的不安会表现得比较明显,有些则比较温和。作为父母,对待这种现象就要抓到本质,用行动让大孩子知道自己还是被爱着的。

第六章

DILIUZ

两个宝宝互敬互爱、互相体贴、携手成长，这不正是你希望看到的吗？那么怎样去做才能让你实现这一点呢？试着让两个孩子多一些互动吧！让两个孩子在一起玩耍，让两个孩子彼此照顾，在这种潜移默化的交往中，两个孩子一定会得到一加一大于二的效果。

ANG

引导大孩子做
小小大哥哥、
小小大姐姐

🖤 鼓励老大亲近小宝宝，从孕期即开始

孩子的内心是脆弱敏感的，孩子的安全感来源于对父母百分之百的爱和依靠。对于父母要二胎，孩子最本能的担心就是他自己的安全问题，他们总是以为老二是来代替他们的。因此在怀孕二胎期间，父母要密切关注老大的情绪状态，提前让老大在心理上接纳老二。

尤其是对于性格内向、心理敏感的老大，爸爸妈妈更要给予更多的关注和耐心，如果此时教育不得当，这会在老大幼小的心灵里留下阴影，会对他或她今后的身心健康产生严重的影响。而且要明确一点，父母要郑重地告诉老大，爸爸妈妈很爱你，生个小伙伴就是来和爸爸妈妈一起陪你玩的，并强调有了弟弟或妹妹之后，老大的好处和优势。

对于解决这个问题，父母可以通过讲故事或者描述场景等一系列形象方式，一方面告诉老大，如果父母如果不在时，会有弟弟妹妹陪着他，他就不会觉得孤单寂寞，他也可以做小老师来教弟弟妹妹做事，要给小弟弟（小妹妹）做榜样，等等，让老大觉得自己更有价值。

另一方面，告诉大孩子弟弟妹妹和他一样都是爸妈珍视的宝贝，描述一下等小宝宝出生之后，他们在一起可以怎么玩，如何相互帮助，还要肯定他们在一起一定会很快乐。这样做会帮助老大心理的平衡和情绪的调节，而且他会自愿地想要和小宝宝亲近。

王佳的第二个女儿刚刚满月，她就明显感觉大女儿在自己怀孕期间有危机感，女儿担心自己会变得没那么重要了，其中有两个时间段比较明显：一是

怀孕早期；二是怀孕晚期。在生下老二后，王佳开始思考：老大为什么在那两个阶段表现最明显呢？她总结了以下的原因：

在怀孕早期，由于害喜厉害，王佳的心情不是很好，而且容易疲倦，总是先于女儿睡觉。那时女儿还为此事哭过几次，哭时女儿说得最多的一句话就是"自从你怀孕后你就没有怎么笑过"。也许，老大的抱怨一是来自最初获知家中又要添一个小成员；二是来自王佳糟糕的心情。

在怀孕晚期，一是由于行动不便，照顾女儿的时间少了很多；二是由于她这次怀孕风险系数极高，最后何止是保胎，甚至保命保子宫都是个问题——这直接影响了她怀孕期间的心情，脾气很暴躁，很容易生气和骂人。当然，更多的是骂老公而不是骂女儿。但她的坏情绪已经严重影响到了老大的情绪，即将来到生活中的小宝宝又让女儿备感焦虑，女儿在睡前哭过几次，总是边哭边说，担心父母送她去孤儿院，等等。

其实，在怀孕期间，父母就应该有意识地让家里的老大去亲近妈妈肚子里的弟弟或妹妹，让他或她感知一个小生命是怎样一点点长大的，时常去抚摸妈妈肚子里的小宝宝，感受小宝宝在妈妈肚子里乱蹬乱踹的生命力，并耐心地向老大讲解，妈妈怀着他或她的时候，他或她也是这样淘气地踢着妈妈的肚子。

妈妈怀孕时，让大宝宝建立与小宝宝的早期亲情关系很关键。孩子摸摸妈妈的肚子、与肚子里的小宝宝轻声说话等一些简单的行为，就会拉近大宝宝与小宝宝的距离。让他或她参与到小宝宝孕育的过程中，会在潜移默化下形成大宝宝当哥哥或姐姐的自豪感。

宋丽夫妇在整个孕期就一直很注重呵护老大的心灵。怀孕的最初，他们就告诉女儿，她将有一个弟弟或妹妹。女儿不是特别愿意接受，但宋丽总是找机会给她讲有个弟弟或妹妹将意味着什么，还告诉她为什么想再要个弟弟或妹妹。女儿始终担心有了老二父母会不再爱她或不再像过去那样爱她。宋丽则告诉她，有了弟弟妹妹还将意味着这个世界上多了一个爱她的人。这些事偶尔给她讲起时，都用非常缓和的语气尽量以她能理解的方式去讲。

宋丽努力克服怀孕早期的各种不适情况，像过去一样爱护大女儿。而且自己一有空就抱女儿，这样做一直到怀孕晚期。有时吃过晚饭后，宋丽还经常坐在小区下面的秋千上，让老大坐在她的怀里，她们母女俩就那样静静地聊着天，女儿紧贴着妈妈肚子里的小宝宝，从小弟弟或小妹妹还是几个月大的时候，就见证了弟弟或妹妹的成长。

有时在车上，她的女儿睡着了，即使宋丽在肚子已经很大的情况下，也都让女儿睡在自己的怀里。无论宋丽孕期多么的不舒服和不方便，都坚持和女儿睡在一起。尤其是到怀孕后期时，女儿一直要她搂着睡，宋丽也坚持搂着女儿睡，因为她知道这样会增进两个孩子间的默契，更加有助于他们今后关系的建立。宋丽的女儿也很听话懂事，一次没有踢过宋丽的肚子。

而且在整个孕期，宋丽会把自己身体和心理状况的变化，详细地跟女儿讲，让女儿主动和她一起经历并分享这个过程。女儿也经常问宋丽："妈妈，小宝宝现在会长成什么样了？"

还有一个方法对于增进大孩子与未出世的宝宝间的关系有很大帮助，那就是给老大讲怀他那时的情形。从怀孕到生产到老大出生后几个月的实实在在的事情和那时的心情，耐心细致地跟老大讲，他肯定会因好奇而很认真地倾听，妈妈是如何把他带到这个世上来的，他是如何从妈妈肚子里出来的。听后，估计他会更加乖巧懂事。还可以给他读有关兄弟姐妹的图书，看他们在一起的图画，看一些可爱的小动物一家的照片，等等，让他逐渐萌生出爱护小婴儿的心。

让他每天摸一摸妈妈的肚子，和未来的弟弟或妹妹说说话，和他或她唱唱歌，跟他或她讲幼儿园里发生的事儿以及妈妈肚子外面的世界。这样让孩子对弟弟或妹妹产生最初的感情，帮助他建立起最初的责任心。在这样的互动过程和分享故事的过程中，一定会让他体会到父母对他满满的爱！

鼓励老大给宝宝做点"小事"

在养育两个孩子的头几年，妈妈往往因为身体的原因，而且还有一大堆家务要做，无法兼顾两个孩子，一些家庭会采取这样的措施，即请家里的老人来帮忙照顾孩子。

但三代同堂也并不是十分理想的选择，也会带来一些问题。比如父母有很强烈的平衡意识，尽量做到不偏向，但祖辈则会毫不掩饰对某个孩子的喜爱或者是偏爱，这会轻而易举地破坏父母小心谨慎建构起来的家庭情感平衡。

还有一些家庭，他们的做法很极端，即把两个孩子分开来养。他们认为这样既减轻了母亲的压力，又避免了两代人不同教养方式引起的矛盾冲突，孩子生病的时候还不会交叉传染。但是，这也存在一个潜在的弊端，也许在短时间并不能被发现，在很早之前英国科学家巴克尔斯就在《星期日泰晤士报》中说："孩子成长过程中的头几年最重要，所以在孩子一岁的时候分散照顾比孩子入学后再分散照顾更有害。"

其实，父母在无暇兼顾两个孩子的时候，想办法让大宝参与二宝的抚养工作也是双宝教育的一个重要环节。妈妈可以有意让大宝给自己当帮手，比如，逗弟弟或妹妹玩、给弟弟或妹妹喂奶、帮弟弟或妹妹拿小鞋子之类的，这样，既不会让孩子跟妈妈拉开距离，又让他体验到了自己的价值和作为哥哥或姐姐的自豪感、责任感。我们对于自己投入心血的对象，总会多一分情感和包容，相信大宝也会在付出的过程中找到作为哥哥或姐姐的快乐。

孩子最害怕的事情莫过于被父母忽略，所以父母们给小宝取名字和准备物品时一定要让大宝共同参与，如让大宝帮小宝取个好听可爱的乳名，或让大宝把自己穿过的小衣服整理出来等。这些能体现出父母对大宝是尊重的，而且大宝也会因为即将成为哥哥或者姐姐而感到兴奋，对此就会充满期待。所以，建议父母要多让大宝参与照顾小宝的过程，做一些力所能及的事情，让他或她更好地适应小宝的存在，感觉自己作为哥哥或姐姐的优势和能力，逐渐从内心进而在行为上接受新的家庭格局。在这一点上，谢琴做得就比较好，主动让老大参与照顾婴儿。

在大女儿很小的时候，谢琴曾和女儿一起看过《汤姆的小妹妹》，里面讲到汤姆给妹妹喂奶，女儿对这个情节印象很深刻，或许也曾在脑海中幻想过自己是那个小汤姆。当然，谢琴印象也很深，所以有意识地让女儿参与到照顾小妹妹的生活当中来。但一开始不敢让她参与太多，怕她抱怨被动当姐姐还要干很多活儿，最初她能帮的只是递递毛巾、在妈妈喂奶时帮小宝宝披件衣服等。

随着小家伙一点点长大，老大能帮妈妈的地方就多了。最让谢琴感动的就是在自己忙时她帮妈妈哄小妹妹不哭闹。只要老大唱歌或跳舞，小宝宝就安安静静、不哭不闹地盯着看，当姐姐不在小家伙方便看到的地方时，小家伙就歪着头看。谢琴就趁机夸奖，说："看妹妹多喜欢你这个姐姐！"她还会感谢老大帮自己照顾小妹妹等。老大也会特别高兴，更加享受照顾小婴儿的这个过程。

有一天晚上，老大哄老二睡觉时，她就给小妹妹唱摇篮曲："睡吧，睡吧，我亲爱的宝贝，姐姐爱你，姐姐喜欢你……"

其实，最初大女儿很嫌弃老二身上的奶味，谢琴就告诉老大她小的时候也是这样的。小婴儿表情很丰富，有时出现些很特别的表情谢琴就喊老大来看，给她讲她小时也是这样的，和小妹妹一样可爱。每次谢琴这样说，老大就很好奇，看得也很认真仔细。老大尽管不喜欢小妹妹身上的奶味，但会忍不住去亲小婴儿，还经常摸小婴儿的小手小脚，说妹妹的皮肤好光滑呀。她经常主动去看小妹妹，然后说："妈妈，妈妈，妹妹好可爱呀！"谢琴就告诉女儿，她小时候就是这么可爱的，爸爸妈妈就是觉得她太可爱了，没有带够这么可爱的孩子，所以才又生了妹妹。

只要妈妈的心没偏，孩子的内心深处就会相信妈妈的爱，就不会想尽办法去求证。父母让老大参与照顾老二，做一些力所能及的"小事"，让孩子承担一些责任，对孩子的成长非常有益。责任会让孩子非常具有成就感，让老大照顾老二就是对孩子很好的锻炼。

　　就像母亲在日复一日地照顾孩子的过程中了解孩子、亲近孩子一样，日久天长，老大对老二的感情也会与日俱增。这样的话，老大的情绪就不会有很大的波动，生活与过去相比出入不大，尤其是老大虽然偶尔会嫌老二碍手碍脚的，但是越来越喜欢自己的弟弟或妹妹，并开始参与照顾弟弟或妹妹的生活。也许在幼儿园里，老大就会经常向小朋友和老师"炫耀"自己的小弟弟或小妹妹。

孩子们抢玩具时，"让让弟弟妹妹"的话少说

"大的得让着小的"——这不知道是从哪儿来的理论，但似乎尽人皆知，而且被家长们普遍信奉并一直这样教导大孩子。但大的为什么一定就得让着小的？！有些时候确实需要大的多理解小的一些，但我们还不至于如此直白地告诉还是小孩子的老大"大的就得让着小的"。家中的老大曾经也是一家人的"小皇帝"，是大家的心肝宝贝，享受着长辈的全部关注，但当有了老二后，他或她在家中的地位就直线下降。

从孩子有限的理解能力来看，不仅仅是曾经拥有的完全的爱被分割掉了大半，而且凡事还得让着弟弟或妹妹——这是多么委屈的一件事。更为重要的是，老大也肯定会将这种怨气附加到弟弟或妹妹身上，这会严重影响两个孩子间的关系。

所以，父母在处理孩子争抢事件时，绝不能硬邦邦地对老大说"大的得让着小的"，更糟糕的是还时时挂在嘴边。更为明智的做法是，即使想让老大让着老二，一定要讲清其中的道理，但更多的时候，老大老二都应该是平等的。

李芳家有两个女儿，相差两岁。两个女儿平时倒还挺乖的，但就是有东西的时候就喜欢抢，本身同为女孩，喜欢的东西大致相同，基本上每次为她们准备东西时都准备两份，可是并不是任何时候都能做到二宝的东西都一样。

有一天，李芳给她们准备了小饼干当点心，两个孩子为了抢那个花样漂亮的饼干而吵架，小的还哭了。李芳让大女儿把饼干让给妹妹，说："你这么大了，让让你妹妹，她还小。"老大闻言气得脸都鼓起来了，把饼干往地下一摔，说："凭什么，我才不让呢！"

家里两个孩子出现争抢时，不少父母总是对大的说："弟弟（妹妹）还小，你就让让他（她）吧。"实际上，这样做对两个孩子都没有益处。一方面，骄纵了小的，小的会认为自己小所以有特权，可以任性地想要什么就可以得到什么；另一方面，委屈了大的，大的正当利益被不公正地剥夺了，使得老大感觉自己在家里没有原本的位置了，进而增加了他或她对弟弟或妹妹的厌烦。久而久之，二宝之间的关系肯定很难相处。

　　也有父母为了避免争吵所有东西都买双份，花尽心思来避免老大和老二间的冲突。其实有时候孩子们互相争抢东西，不是要更多，只是要一样，甚至有时只是争抢父母对于他们的态度，以此来试探或者证明自己在爸爸妈妈心中的位置。举一个例子，如果家里只有一个平板电脑，两个孩子都抢着玩，最后被弟弟抢走了，姐姐在一旁委屈失落。这时就需要父母有所作为，制定出轮流玩的规则，或者提供更有意思的、更多的选择给孩子；但一定不是说"你是姐姐，要让着弟弟"，这样姐姐就会想，自己在妈妈心中没有弟弟重要。

　　如果父母参与进来，引导孩子制定较为公平的规则，注意孩子的情绪变化并予以疏通。当另外一个孩子闲着没有东西可玩时，陪孩子一起说说话、看看书，引导孩子抒发出不愉快的情绪，分散他或她的注意力，可能不出一会儿，另外一个也会扔下东西来凑热闹了。所以，并不一定非要让大的谦让小的。

　　孩子闹矛盾不是坏事，其实是好事，虽说家庭并不是社会，但家庭也是一个小小的人际交往圈子，能在冲突中学习人际交往的方式。如果父母出面干涉，无原则地偏着小的，老大肯定心里不服，等父母走开，就会变本加厉地欺负小的。这都是父母处理方式不当造成的。凡事必有原因，孩子如果有冲突，作为大人的父母，可以尝试启发他们，让他们想想有没有更好的解决方案。比如一样东西两人怎么分，一人一半，还是两人抽签或者轮流，这样就能把矛盾愉快地解决掉。这样不仅锻炼了孩子勤于思考的能力，还让孩子在矛盾中学习了解决问题的能力，那才是我们乐于看到的。

实际上，对于孩子发生的问题，一些幼儿园老师会更有经验。李伟是北京一家幼儿园的老师，已工作了五六年。他说，"非独"家庭中，大孩子出问题的会多一些，而小的那个更会看人脸色，更会争宠，但这并不代表较小的那个就一定没有问题。大孩子和小孩子吵架的时候，哭得厉害的往往是小的，但如果进一步追问原因的话，很可能小的才是那个最不讲理的。因为他或她知道父母会护着自己，就凭着自己小的优势反过来欺负大的。

所以，李伟建议家长，如果兄弟姐妹间发生了矛盾，不要带任何偏见地询问和调查事情的起因和过程，不要只相信孩子说的话，还要结合他或她心理和处境考虑，做出公正的判断，并进行合适的教育。

举个例子，有一家有两个孩子，一个老犯错，一个很优秀，这时候，即使其中一个孩子老是犯错，也要抓住机会表扬他、肯定他；即使另一个孩子较完美，也要抓住机会批评他，确保两个孩子的心理平衡。

此外，小宝贝在上幼儿园后也易产生心理落差，他会突然发现，怎么别人（独生子女）可以单独拥有爸妈的爱，我却要和哥哥或姐姐分享这份爱呢？所以爸爸妈妈们教育小宝宝时，要把"分享"两个字多挂在嘴边。

偏袒是影响家庭平衡的重要因素。很多时候，父母会不经意地或者习惯性地偏袒某一个孩子，比如偏袒年纪小的、体弱的或者性格内向的等，不要认为孩子小就不顾及这些，其实孩子对这些是非常敏感的，即使是细微的变化，他们都是可以感觉到的。

一旦孩子感觉到父母的偏向，后果就只会增加孩子之间的矛盾。如果不小心一时性急错怪了孩子，父母一定要在事后与孩子深入沟通，必要时还要道歉。每个孩子的特质都不一样，父母要学会欣赏每个孩子的优点，明确说明："不管你们是怎样的，爸爸妈妈都始终爱你们。"根据每个孩子的特征不同，父母给予爱的表达方式也要有所侧重，但有一点是不变的，就是发自内心地、平等地爱两个孩子。

另外，年龄距离对于大宝顺利接纳二宝也很重要，如果父母可以选择，最好不要在大宝两三岁的时候生二宝，这个时期正是孩子独占欲很强的时期，不利于大宝接纳弟弟或妹妹，相反，如果大宝 4 岁甚至年龄更大以后再生二宝，则已经渴望去与人交往的大宝就比较容易对弟弟或妹妹持欢迎态度了，而且会有保护弟弟或妹妹的欲望。即使是有矛盾，频率也会低很多。

只要你心中对两个孩子的秤是公平的，那么孩子一定就能感觉得到。当然，一般妈妈都是不偏心的，但是，细节和沟通很重要。有时一个小小的细节都可以让孩子很伤心，再就是要注重沟通，沟通才能让彼此知道对方的想法，才不容易结下心结。

正面表扬是良方，给大宝点当哥哥或姐姐的自豪感

在教育双宝过程中，父母要坚持正面教育，正面教育的效果往往比打骂更利于孩子接受。时常表扬老大关爱弟弟、妹妹的行为可以增强孩子的积极参与性。

一般来说，不管老大在弟弟或妹妹出生前曾经多么盼望有个小伙伴当玩伴，但真到小家伙出来跟他争夺父母的注意力时，老大都会忍不住感到失落，就像经典的心理自助读物《汤姆的小妹妹》中汤姆面对妹妹带来的热闹场景时发出"我感到没人理我了"的感慨一样。

大孩子会不由自主地感觉到，原本可以独享的父母之爱被另一个小生命给占据了，他不再是父母关注的中心，尽管父母对他的爱本质上一点也没有改变，但他们不得不集中精力照顾更小的孩子的表象，还是难免让不谙世事的大宝宝心生被大家遗忘的担忧。

如果大宝很少被关注，他或她就会想办法引起父母的关注，来追求公平的爱，在此过程中，大宝很容易把二宝看成自己的竞争对手，心怀嫉妒甚至怨恨，此时，如果父母没有顾忌大宝宝心理感受的变化，大宝就容易把这些负面感受积累起来，成为负性情绪甚至攻击行为的来源。

所以，家有双宝的妈妈，在尽心尽力照顾二宝的同时，对大宝这个心理特点要理解，再忙也要顾及大宝嫉妒弟弟或妹妹的心理，找机会对大宝进行安抚，尽量多陪陪大宝，多给大宝一些拥抱，如果实在顾不上，也可以多跟大宝说些"妈妈爱你""弟弟小，妈妈要对他多些照顾，但妈妈对你的爱不会因此改变""宝贝，你帮着妈妈照顾小弟弟，妈妈轻松不少呢"之类的话，时刻让

大宝感受到妈妈的爱，只有一个确认了父母之爱的孩子，才会有一个宁静的内心世界，才不会想着办法跟弟弟或妹妹争宠。

父母要善于从正面激励孩子的行为。在很多场合下，大孩子还是很懂事的，会积极配合妈妈。这种情况下，妈妈不妨多鼓励孩子，并把这种表扬跟他或她做哥哥或姐姐的角色结合起来，比如，表扬的时候可以这样说："弟弟有你这样的小哥哥，妈妈都替他感到高兴！""小姐姐知道让着弟弟了哦，真棒！""你能这样跟弟弟分享，真好，妈妈为你骄傲！"等等。一来这样可以强化他或她既有的好行为，唤起他或她做哥哥或姐姐的责任感；二来可以让他或她看到自己的闪光之处，积累内在的正能量。只有孩子内心强大，才不会轻易怀疑自己的不可爱。

在怀孕期间，妈妈也要注意与大孩子保持密切的沟通，即使离家去医院生产的几天也要跟大孩子解释说明。小宝宝出生后，父母自然而然会把大部分精力花在照顾小宝宝身上，其他亲戚朋友也会更多地关注刚出生的小宝宝，这也是大孩子最容易产生负面情绪的一个时期。等老二出生以后，爸妈也要经常和老大保持交流。"弟弟或妹妹不会走路讲话，是这么弱小，我们怎么帮他呢？""你也这么小的时候，就是爸爸妈妈帮助你的"……找到一种适合老大年龄的表达方式，跟他或她一起陪伴老二成长。对老大进行正面积极的教育和引导，将自己的正能量传递给他。

台湾作家龙应台也是拥有双宝的妈妈，她在《孩子你慢慢来》一书中曾记录了一个小故事，对教育两个孩子很有意义。当年，她在德国生下小儿子飞飞。有一天，朋友艾瑞卡来探望时，手上拎着两包礼物。一进门，朋友先问候龙应台的大儿子安安，送上礼物并在征得飞飞的同意后，再去探望他的小弟弟。这种重视和尊重大宝的做法，让龙应台很感激又很佩服。在照顾两个孩子的过程中，父母要把握公平原则，甚至有时要优先考虑大孩子的感受，因为大孩子已经拥有了判断能力。

龙应台也温馨地提醒父母，在教育孩子时，不宜采用比较的方式，特别不能说这样的话，"再不听话，爸爸妈妈就只要小宝宝，不要你了"。大孩子已经有了自我意识，积极的鼓励方式往往比直接训斥有更好的效果。

父母还可以用手足之情的故事感染大宝，不妨多和大宝讲兄弟姐妹间的故事，让他享受自己有弟弟或妹妹的生活。如讲一下别人家的弟弟妹妹如何一起玩，你有妹妹你也可以给她梳辫子，等等。这些小故事中不经意透露出来的手足之情，能让大宝认识到兄弟姐妹之间的爱和欢乐，弟弟或妹妹来到这个世界上不是要和他争夺亲情的，而是世界上多了一个人来爱他。

另外，父母用言语营造欢迎弟弟或妹妹的家庭氛围，也是很有效的方法。家长要对大宝灌输这样的观念："你有一个弟弟或妹妹了，你就要变成强大的哥哥啦，可以保护他（她），不让别人欺负他（她）！""别人家都没有妹妹啊，我们有一个呢，她会像个跟屁虫一样跟着你后面，骄傲地说我有哥哥，哥哥最棒！"这些言语的感染力很强，不仅能让大宝意识到拥有弟弟或妹妹的好处，还能勾起他或她作为哥哥或姐姐的保护欲。

每个孩子都是天性善良，乐于分享的，当他表现出自私的一面时，做父母的要分析这种现象发生的原因，找出原因后进行有效的正面教育，并且用肯定的话语赞美他曾经做过的照顾小宝的行为。即使你不说他现在所犯的错误，他在心底里也会暗暗下决心，以后做一个好哥哥或好姐姐的。

第七章 DIQIZH

　　小宝宝没有做弟弟、妹妹的样子这可以理解，毕竟孩子年龄小，但如果大宝宝没有做哥哥、姐姐的样子，父母就该头疼了。妥善地教育好两个宝宝，尤其是大宝宝，让他或她当好大哥哥、大姐姐，这会给你的哺育过程带来很大的帮助。

ANG

两个孩子互动起来，让一加一大于二

💜 小宝宝对老大的尊重能融洽孩子们的感情

兄弟姐妹亲爱友好，哥哥照顾弟弟，姐姐体贴妹妹，两个孩子一同学习，一同长大，以后进入社会还能够相扶相持、互相帮助。

想要二胎的夫妇当中，相信很大的一部分都是为了让孩子在成长的过程中不孤单，才会选择再要一个孩子的。因此，上面的一幕就成了很多有两个孩子的夫妻的共同梦想，他们希望并相信两个孩子会彼此爱护，而这要比一个人孤单地成长、孤单地走向社会好得多。

然而，在第二胎降生之后，很多家长便开始失望了。原本期待的亲亲密密的景象没有出现，兄弟姐妹之间表现得更多的是疏远，是厌恶，是你争我夺，是吵吵闹闹。大的不让小的，小的也不尊重大的，父母亲管又不听，不管又不行，这可急坏了很多人。

刘女士的小宝宝今年5岁了，从小宝宝出生到现在，这5年对刘女士来说过得可真不容易。尤其是最近两年，刘女士把工作都辞了，全部精力都用在照看两个孩子上面，但仍然让她焦头烂额，一点也没有为人母的快乐。

为什么刘女士会如此的疲惫呢？原因出在两个孩子复杂的关系上面。刘女士的大儿子今年11岁，在他6岁的时候，小弟弟出生了。在要二胎之前，刘女士看到身边有的朋友家里两个孩子其乐融融的场面，觉得再多一个孩子也挺好。然而等到第二个孩子降生，刘女士却发现自己面对的根本和别人面对的不是一回事儿。

家里的两个小祖宗也不知道是怎么回事儿，一开始是哥哥嫌弃弟弟，经常有事没事就欺负弟弟；而后弟弟长大了，也开始厌恶哥哥，经常趁哥哥不注意弄坏哥哥的东西，还趁哥哥睡觉时打哥哥。上周哥哥的学校组织去郊游，要求每个人都戴红领巾，结果弟弟前一晚趁哥哥不注意，把哥哥刚洗干净的红领巾扔到了马桶里面，害得哥哥一通暴跳。看着这两个如同大人一样钩心斗角的兄弟，刘女士真是既生气又心酸。

兄弟之间从小就如此反目，这是很多家长都始料未及的。不过经过调查发现，类似刘女士两个孩子这样的大孩子与小孩子不和睦的场面，在很多家庭也是确实存在的。

兄弟两个不和睦的原因有很多，我们之前已经或多或少地介绍过了一些，这里就不再赘述。我们只是想帮助读者解答这个问题的后续问题，即遇到这种事该怎么去做？如何做才能够缓和两个孩子之间的关系让他们彼此相亲相爱呢？儿童学家认为可以用的方法有很多种，而其中最有用也最有预防作用的就是让小孩子崇拜大孩子。

孩子之间不合的根源，很可能都是在小宝宝还很小的时候埋下的，因此与其在事情出现之后去设法补救，还不如在事情没有出现时就预防。

小孩子在成长的过程中都有模仿和崇拜的倾向，而作为大孩子，当小宝宝出现在他身边时，若能够以一种崇拜他、尊敬他的低姿态来对待他，那么他自然就会爱护小宝宝。

就如同小女孩儿喜欢芭比娃娃，小男孩儿喜欢奥特曼一样，崇拜哥哥姐姐的小宝宝，会让大孩子体会到支配的成就感，而在这种成就感之下，大孩子也会在内心产生一种照顾对方的责任。

譬如我们经常看到有小姐姐哄小弟弟，其耐心程度甚至要比妈妈还好，这就是责任感在起作用。而有这种责任感的前提就是小弟弟要崇拜和尊重姐姐。如果小弟弟一直都对姐姐表示出厌烦和不屑，那么估计用不了多久，姐姐的责任感也就消失了，因为毕竟小孩儿是没有耐心的。

所以，做父母的要有意识地在小宝宝成长的过程中培育他对哥哥或姐姐的尊重和崇拜，经常当着他的面夸一夸哥哥或姐姐，让他像哥哥或姐姐那样去做。这样在潜移默化当中，小宝宝就会崇拜和尊重哥哥或姐姐了。

小宋的大女儿今年 14 岁了，在小妹妹面前，这个 14 岁的姐姐俨然就如同半个妈妈一样。在小宝宝还小的时候，小宋就经常让姐姐帮着喂饭，在楼下遛弯的时候，小宋偶尔也会让姐姐推着小宝宝四处走。

等小宝宝看动画片时，小宋会让姐姐在一帮讲解，姐姐讲得绘声绘色，每次小宝宝都听得聚精会神。小宝宝长大了一些懂得学习的时候，姐姐就帮着小宝宝学习字词，看着姐姐能够轻易读出自己不认识的字，小宝宝别提有多崇拜姐姐了。而小宝宝的崇拜让姐姐也很受用，就这样，从小到大这几年，姐姐在小宝宝身边一直扮演着大人的角色，两个孩子的感情别提有多好了。

小宋的做法就是我们很提倡的，小孩儿都有崇拜的需要，既然可以崇拜别人，那么自然可以崇拜自己的哥哥或姐姐了。因此，聪明的父母应该学学小宋，用点滴的行动把两个孩子捆绑在一起，这样一来小宝宝离不开大宝宝，大宝宝也不会讨厌小宝宝，无形之中就帮助父母省去了很多麻烦。

所谓事在人为，小孩子与大孩子之间的感情怎么样？很大程度上都在于父母怎么样去抚养。不懂得如何去协调两个孩子之间的关系，在两个孩子出现隔阂时不知所措，这就难怪两个孩子的隔阂会越来越深，感受不到同时抚养两个孩子所带来的乐趣，你又能怪谁呢？

分享不是失去，让两个孩子学会共享

张女士的女儿叶子今年8岁了，当年家里就她一个小孩儿的时候，大家对她都是呵护备至，她想要什么父母都会千方百计地满足她。叶子的奶奶也住在他们家里，隔代人疼隔代人，平时在家里奶奶最疼爱叶子，谁都不敢违拗奶奶的意思，因此对叶子也就更加骄纵了。奶奶有句口头禅："我们家的东西都是叶子的。"久而久之，叶子就把这句话当成了自己的口头禅。

两年前，张女士又生了一个儿子，这一次叶子不再是家里的唯一了。她似乎是因为感觉到了弟弟的威胁，变得自私了起来。她经常把喜欢的东西自己偷偷地保存起来，连弟弟要用的也不在话下。每次妈妈批评她，她就用那句"家里什么东西都是叶子的"口头禅应付。前几天，张女士给弟弟买了一个变形金刚，叶子一见就抢到了自己的屋子里面，任由弟弟在外面又哭又闹也不拿出来，而其实，她一点也不喜欢那个变形金刚。

叶子的事让人哑然失笑，要知道，我们中国传统的育儿美德里面就有与人谦让，孔融让梨的故事我们小的时候都是听说过的，这样的圣贤事迹从来都是被作为我们的道德榜样。但为何现在生活质量一天比一天好了，孩子却一代比一代更自私了呢？

如果是对外人自私，那还只能说这孩子有些许小气，但如果对弟弟或妹妹都自私，甚至自私到了不讲理的地步，那这个孩子可能就真的是性格有问题了。

要知道，两个孩子在很长时间都要生活在同一个环境中的，如果大孩子以自私为表率，而小孩子也学着自私，那这两个孩子之间就不会有太好的感情。因此，对于孩子自私的行为，家长要及时发现、及时制止，要教导孩子学会分享，用分享来代替自私，拉近两个孩子之间的关系。

我们知道，一个孩子在他两三岁的时候，他的意识里面就已经有了关于"我"的朦胧概念，这种概念会随着孩子意识的成熟而逐渐强烈，所以在孩子开始接触他人和集体的时候，教育孩子关注他人的需求，让孩子学会"分享"就应该是父母的主要任务了。关于如何培养孩子的分享精神，这里可以讲一些成功的经验：

一开始，大人要先让两个孩子明白，分享并不是失去。有些家长认为孩子不愿意分享是因为自私，其实未必，很多孩子在成年之前都没有自私和占有的概念，他们不愿意分享，其实只是不愿意失去。

小的时候，看到母亲给别的小弟弟或小妹妹喂奶，他就哇哇大哭，这并非是出于对母亲的占有，而是害怕母亲喂完别的小弟弟或小妹妹，就不再回来喂他。因此，家长想要孩子学会分享，就首先让孩子明白，分享并不意味着失去。

有一个孩子家里来了几个客人，妈妈要孩子拿出自己的巧克力糖给客人带来的小朋友吃。孩子一百个不愿意，因为巧克力糖一直是他最喜欢的零食，平时自己都舍不得吃，总是珍藏在柜子里面。因此他说什么也不拿出来。妈妈好说歹说，他就是死活不干，最后妈妈只好作罢，尴尬地冲着客人笑了笑。

客人没说什么，只是从自己的口袋里拿出了一些跳跳糖，递给自己的孩子说："去，和小哥哥分着吃！"客人的孩子接过了糖，跑过来把糖分给他吃。这孩子以前从没有吃过这种会在嘴里跳的糖，吃过了之后不禁又高兴又惭愧，于是红着脸跑回卧室把巧克力糖拿出来和客人的孩子一起分享了。

等客人走后，妈妈并没有直接教训孩子，而是问他："客人的跳跳糖好不好吃？"

他回答说："好吃。"

那妈妈就接着说："你要知道，是没有人会白给你他的东西吃的，今天因为这孩子来我们家做客，所以他分了糖给你吃，但下一次如果你不拿你的巧克力糖给他，可能他就不会再拿他的跳跳糖给你吃了，所以你想吃跳跳糖，就应该先拿出自己的巧克力糖给他啊。你把你的糖果拿出来分给他，看似你的糖少了，但你不也换回了他的糖果了吗？"

　　孩子听了妈妈的话，惭愧地点了点头。

　　我们做大人的都懂得，"君欲取之，必先予之"的道理，但如果你拿这番大道理去给孩子做分享教育的话，孩子虽然也会遵照你的意思，把自己的东西拿出来分给别人，但恐怕对于为什么要这样，还是很难理解的，而长久下去反而可能会使他产生逆反的心理。

　　所以，家长在让孩子明白分享不是失去的时候，更多还是要用行动来说明，像上面那位母亲一样，我们也可以让哥哥与弟弟互换手中的玩具。而如果孩子有无私的分享行为，父母也应该及时做出回应，哥哥把自己的东西让给弟弟玩，父母需要表扬奖励，甚至再给他买一个同类的东西也可以。

　　孩子毕竟小，偶尔一点点奖励就可以让孩子铭记很长时间。因分享而获得奖励，会加深孩子对分享这一行为的好感，进而在此后的生活中，不再自私地面对他人，面对自己的亲兄弟。

　　父母要让孩子在与兄弟姐妹的分享中感受到快乐。孩子明白分享不是失去了，但如果在分享中得不到自己所需要的，孩子还是不愿与人分享。

　　想想，我们也明白分享不是失去，但如果分享过程中换回来的总是我们不需要的东西，那也会逐渐磨灭我们分享的激情。孩子还小，他们没太多物质的要求，精神上的快乐是他们最愿意得到的，所以如果能让孩子感受到一些分享的快乐，那么孩子自然就更乐意与兄弟姐妹分享了。

🐾 "小老师"和"小学生"

焦头烂额地处理两个孩子之间的关系，在两个孩子之间调和矛盾，小心翼翼地寻找一条平衡的线，不敢偏爱小宝宝一分，也不敢太迁就大孩子。这些是很多有两个孩子的家长面临的现状，但我们敢肯定，这绝不是要二胎的家长们想要的生活。

两个孩子为什么不能相亲相爱的？很多家长都对此感到困惑，然而似乎从没有家长想过，问题的根源会不会出在自己身上。其实，孩子就如同是家长帐下的两个小兵，家长如果不能协调，两个小兵就会钩心斗角，但如果家长懂得协调，完全可以让两个小兵相敬如宾。

那么，怎样做才算是懂得协调呢？有一个巧妙的方法可以办到，那就是让"小兵"去给"大兵"当学生。

赵晓璐家的小宝宝现在已经4岁了，4岁的小宝宝虽然还没到完全懂事的阶段，但对哥哥却非常崇拜。只要是哥哥让他做的事，小宝宝从来没有不听的，在这一点上即便是赵晓璐也很难办到。

为什么哥哥在小宝宝那里有如此大的影响力呢？原因是自从小宝宝开始认字之后，赵晓璐就把教育小宝宝的任务交给了哥哥。哥哥教认字，哥哥教唱歌，成语猜谜也"倾囊相授"。哥哥这样的教导让弟弟长进不少，同时也让弟弟非常崇拜哥哥，弟弟就像一个小学生一样，对哥哥这个老师言听计从。而哥哥也在教导弟弟的同时，真的学会了如何做一个好哥哥。

赵晓璐的做法可谓是一举两得，既让两个孩子之间形成了融洽的关系，又为自己节省了很多精力。

　　不过还是有很多父母会提出这样的疑问，如果大孩子不愿意去当老师呢？毕竟很多父母都尝试过让大孩子帮忙带小孩子，一开始大孩子可能还比较兴奋，但时间一长，大孩子就会因为小孩子的哭闹、不懂事而烦恼，进而厌恶这份"保姆"的工作。

　　那么，面对还咿呀学语的小孩子，大孩子又能够把这份"小老师"的工作坚持多久呢？其实，这个问题读者们完全不用担心。儿童教育专家指出，孩子都是有表现欲望的，而且随着年龄的增长，表现欲会越发强烈。

　　譬如孩子在刚上小学的时候，放学回家经常兴奋地向父母讲述自己今天又学了什么，经历了什么，这就是受表现欲的驱使。而赵晓璐的做法，其实就是在利用大孩子的表现欲。

　　而且，大孩子在学校的时候，或多或少对于老师的权威都是有一定崇拜的，而回到家中，让他在小弟弟面前扮演老师，拥有一样的权威，这更会让大孩子甘之如饴。

　　而从小孩子的角度讲，能够参与到哥哥的学习当中，即便是以学生的身份出现，也会让小孩子产生一种"哥哥姐姐什么都带着我玩儿"的感觉，这种感觉一旦产生，小孩子便会发自内心地崇拜大孩子，愿意跟随大孩子。

　　因此，准备要二胎或者已经有了第二个宝宝的夫妻，如果你第一个孩子已经到了上学的年龄，而第二个孩子正好是接受早教的年龄，那就请你把第一个孩子也拉进对小宝宝的教育当中来，让他以一个"小老师"的身份参与到对小宝宝的抚养当中来，这不光会给小宝宝的早教带来便利，也会促进两个孩子之间的感情。

　　不过需要注意的是，虽然可以让大孩子来当"小老师"，家长却仍然需要在一旁做好辅助工作。辅助工作有两点：第一要维护"小老师"的权威；第二是避免对小宝宝进行体罚。

　　小宝宝毕竟还是小孩子，出现点耍赖什么的问题都很正常，大孩子在给小宝宝当老师的时候，不免要应付小孩子的没耐性、耍赖等问题，遇到这种情况，父母要树立大孩子的权威，命令或者强迫小宝宝尊重大孩子，只有这样，才不至于让大孩子丧失耐性。

而大孩子在教导小宝宝的时候可能出现的问题就是体罚，体罚这样的东西现在学校已经明令禁止了，但有些素质不那么高的老师可能仍然采用体罚来管教学生。大孩子在家里为了维护自己的权威也好，仅仅是为了好玩儿也好，偶尔也会在小宝宝身上实施体罚的。

我们知道，无论什么方式的体罚，对孩子身心都是一种伤害，尤其是小宝宝年龄小，过度地体罚甚至可能会让小宝宝受伤。而即便不受伤，也很可能给两个宝宝之间造成不好的影响，大孩子认为理所应当的事情，小宝宝却可能认为是哥哥或姐姐在欺负自己。

因此，如果你发现大孩子在教导小宝宝的时候有体罚的行为出现，或者有类似责骂、埋怨这类倾向于体罚的行为出现，那就要及时地去制止，要给大孩子讲清楚他不能体罚小宝宝的原因，让他明白"老师"应该爱护"学生"的道理。这样一来，就不至于在两个孩子中间出现伤害。

教育孩子是个大问题，同时教育两个有年龄差的孩子，更是让很多家长焦头烂额。而现在，这个方法不但可以帮助家长在教育孩子上取得便利，还能够帮助家长解决好老大和老二之间的感情问题，这又何乐而不为呢？

❤ 适度竞争，及时鼓励

养两个孩子，父母最怕的就是孩子争斗不休，争玩具、争零食、争父母的关爱，争一切能争的东西。孩子争斗，父母就必须小心翼翼地寻求平衡，不敢偏爱任何一个，因为只要有偏爱，甚至当其中一个孩子感觉到自己受偏爱时，父母都会觉得紧张。

小武是两个孩子的母亲，大儿子今年7岁，小儿子只比哥哥小一岁。两个孩子都已经上幼儿园了，按理说小武现在应该轻松了一些才是。但事实却是，面对着两个多少已经有些自我意识的小孩儿，小武现在的生活比以前还累。

小武的累主要是因为两个孩子争得实在太厉害了。小武家条件一般，两室一厅的房子次卧比较小，两个孩子只能住双层床。但哥哥和弟弟都想住上面，没人想住下面，光这一件事就难坏了小武，劝谁谁也不听，最后没办法只能轮流住一周。晚上睡觉之前，两个孩子都非要妈妈陪在身边讲故事，可是哥哥愿意听的弟弟不愿意听，弟弟想听的哥哥又不喜欢，为了这件小事兄弟俩也整天争个没完。前几天，幼儿园组织5岁班出去郊游，这本是幼儿园的安排，但是弟弟却认定是爸爸妈妈更关心哥哥，自己吵着也要去，闹得小武只好去和幼儿园讲情，请求他们带上弟弟。

如果说像小武这样的父母有什么愿望，恐怕让两个孩子和睦无争是他们共同的选择。两个孩子什么时候真能像兄弟姐妹那样相亲相爱？孔融让梨这样的故事什么时候真的能够在自己家庭上演？有两个孩子的父母们很想得到答案。

然而，令很多父母匪夷所思的是，有儿童专家却提出了与他们所期盼的相反的想法：父母应该适度鼓励孩子之间竞争，这对孩子的成长是有好处的。

安抚都安抚不过来，还要鼓励孩子竞争，这不是没事儿找事儿吗？家长们不禁反问。然而，专家们的结论也不是空穴来风。他们这么提倡，自然有他们提倡的道理。

教育专家们认为，在儿童成长的过程中，竞争是他们不可缺少的积极因素。良性的竞争可以促使孩子更加理性，增加孩子性格当中的坚强成分，帮助孩子改掉耍赖、无理取闹等特有天性，还有助于孩子更好地接受失败等消极事件，而这些对于孩子的成长无疑是非常有好处的。

我们身边很多家庭都是"421结构"，作为家里唯一第三代的独生子女自然就成了全家人的心肝宝贝，捧在手里怕掉了，含在口里怕化了。什么事情都不让孩子做，孩子只需要当好自己的"皇帝"或"公主"就行了，该骂的时候舍不得骂，做错了事，该罚的时候又舍不得罚。

然而，在这样的疼爱下，我们却发现现在的孩子越来越骄纵，越来越任性，而经历挫折的能力却大不如以前几代人。道理很简单，在温室里成长的花，自然经不起自然的风雨，孩子在溺爱中长大，家长对孩子过度保护和溺爱，不让孩子经历任何竞争，这在父母的保护下自然没有问题。但是孩子迟早会踏入社会的，当孩子踏入社会的时候，不能在残酷的竞争中生存，更扛不起一丁点生活的挫折。

在这种情况下，第二胎就给了父母解决问题的"工具"。小弟弟或者小妹妹这个天然的"敌人"出现，给了孩子一个最直接的竞争者，在与这个"敌人"的竞争中，孩子或许可以收敛他之前的骄纵，慢慢学会如何做一个乖宝宝。

一个宝宝在家里是"最大"的，没有人跟他竞争，往往说什么就是什么，想要什么也很快就能得到，就算什么都不做，大家都是围着他转的。这样的生活环境，容易让宝宝缺乏竞争意识。如果有两个宝宝，有了比较之后，在无形中，宝宝从小就会形成一种相互竞争的意识，例如，大孩子在哭，妹妹在旁边看着不哭，或者妹妹笑话他羞羞脸，他很快就会意识到羞羞脸，然后就停止哭泣，这比身为父母的你威逼利诱更有效。又比如，两个宝宝都想要一个玩具，你跟他们说，下次考试，谁的分数高，玩具的所有权就归谁。这个时候，比你直接要求他们一定要考多少分更给力。

而且，有了两个孩子，对父母也会有一个改变。有了两个宝宝，父母的潜意识里可能就不会继续"惯"孩子了，该批评就批评，该处罚就处罚，让孩子知道对与错，知道为自己的行为负责，这样反而对孩子的成长有益。

小马迪最近一年的改变是全家人有目共睹的，也是让全家人喜出望外的。以前的小马迪完全是一个被惯坏的坏孩子，家里什么事都得以他为主，全家人迁就他、让着他，什么事儿稍有不顺意的，他就大哭大闹。有一次出去逛公园，因为奶奶没有给他买到冰淇淋，居然当众撒泼打奶奶，妈妈想要批评他，奶奶却在一旁拦着。没办法，谁让家里只有他这一个小宝贝呢！

但5年前一切都不同了，妈妈又生了一个小弟弟。一开始，对这个跑来抢自己地位的小弟弟，小马迪是百般的不愿意，而且也用过类似离家出走这样的手段"恐吓"爸爸妈妈，逼他们把小弟弟送走。

刚一开始，爸爸妈妈还经常哄一哄小马迪，这让小马迪感受到了威胁的好处。然而随着小弟弟长大，尤其是最近一年，小弟弟开始懂点事儿了，爸爸妈妈对小马迪不再像以前那么迁就了，而弟弟的懂事行为和小马迪形成了对比，也让小马迪感觉到了自己再继续耍赖不是办法。

就这样，小马迪一点点变得懂事了，耍赖撒泼不再有了，有不愿意的事情居然也学会请求妈妈了。前两天，小马迪居然还跑去厨房帮奶奶择菜洗碗，让奶奶着实高兴了一回。看着小马迪的改变，家里人算是明白了，惯着孩子还真不是教育之道，找个竞争对手让他感觉到威胁，反而会让他学会成长。

现代社会处处充满着竞争，因此一个不懂得如何竞争、不懂得如何平等地对待他人的人，注定是要受到社会排斥的。

独生子女，因为其特殊的家庭教育背景，很容易被长辈惯出唯我独尊的毛病，而这种毛病正是适应社会的天敌。因此，刻意地在孩子身上培养竞争精神，利用家里两个孩子这样的便利条件，使他们进行一些适当的竞争，鼓励他们平等地对待对方，这对于两个孩子的成长，都是有极大的好处的。

第八章

DIBAZH

在教育第二个宝宝的时候，家长一定要清楚一点：小宝宝不是大宝宝的复制品。不要为了弥补对第一个孩子的教育缺憾而教养二个宝宝，否则的话，小宝宝整个的成长都会蒙上一层阴影。要把第二个宝宝当作独立个体，尊重他或她的天性，引导他或她健康成长。

ANG

第二个孩子的教育：认真教养，杜绝"缺憾弥补式"教育

💕 "拉扯大" 不等于 "培养大"

"养个孩子还不容易,老大不就那么拉扯大的,老二自然也不在话下",每每听到这样的话,我们的第一个感觉便是"应付"。把对孩子的养育说成"拉扯",这是一种多么敷衍的态度。这种应付孩子的父母,不要说两个孩子教育不好,即便是一个孩子,也很难教养得妥妥帖帖。

我们中国人喜欢说"拉扯大",乍一看这"拉扯"和培养似乎没有什么区别,无论采用哪种方式,孩子终究都会长大的,把他们养大了,父母也就尽到责任和义务了。然而,如果我们能够静下心来从孩子的角度思考,"拉扯"大和培养大的结果肯定是不一样的。因为二者在方式方法上是有着天壤之别的,而这些小差别,可能会对孩子的终生都产生非常大的影响。

网友嘟嘟妈妈最近在网络上吐槽自己的婆婆。为了能让孩子从小就接触两种语言,嘟嘟妈妈每天都会给两岁的嘟嘟听些原版的英语童谣,看些原版的英语动画片,嘟嘟时不时地也可以模仿一两句。

可是随着婆婆的到来,嘟嘟的习惯发生了改变,只要打开电视就必须看《熊出没》,从来没有吃过手指头的嘟嘟竟然将手指头放在嘴里模仿熊二吃蜂蜜。而且大人说什么他不喜欢听的话,他都会模仿动画片里的场景叫嚣:"吹牛吹牛,你就知道吹牛!"等等。

嘟嘟妈妈最后无奈严令禁止再看《熊出没》,还对婆婆讲述培养孩子良好习惯的重要性。可是婆婆压根不理,说:"我们那里的小孩都喜欢看《熊出没》,孩子嘛,玩就是天性,等他长大了自然就懂了。你那个叽里咕噜的他听不懂。"而且婆婆还屡次在嘟嘟妈妈禁止看《熊出没》后嘟嘟哭闹之时纵容地打开电视，说自己也喜欢看，还呛道："你说我不懂孩子？我把嘟嘟爸爸他们兄弟三个都拉扯大了，我不比你有经验？你看嘟嘟爸爸怎么了，不照样赚钱养活你们娘俩吗？"

乍一听嘟嘟的奶奶说得似乎也有道理，但是孩子真的长大后自己就什么都懂了吗？拉扯大真的等于培养大吗？我们中国有句老话叫：三岁看大，七岁看老。由此可见，孩子从小的行为品质可对其一生产生深远的影响。年龄越小，可塑性越大，各种好习惯越易形成。因此，我们应抓住习惯培养的最佳期，及早地培养孩子良好的行为习惯。

既然如此，那么为什么还会有人有将孩子"拉扯大"的想法呢？其实，这就是精力在作怪了。在压力越来越大的现代社会，夫妻二人要将更多的精力放在保障生活方面，因此分配到孩子身上的物质和时间就不免会减少，照顾一个孩子或许勉勉强强还可以应付，但是如果第二个孩子生出来，父母就难免有些无暇应付了。

在这种情况下，一些懒散的父母就会出现"一个羊也是赶，两个羊也是放"的心态，反正怎么都是把孩子养大，随意一点也无所谓，只要保障好基本的物质和教育就可以了。

但是，作为父母的要明白，孩子的人生就如同在茫茫大海之上开启一趟没有回程船票的旅行，前途可能一帆风顺，也可能暗潮涌动、电闪雷鸣。好习惯却会成为孩子航行的航标，一路引领孩子乘风破浪，驶向成功的彼岸。

俗话说：习惯决定命运，习惯改变人生。播下一个行动，收获一个习惯；播下一个习惯，收获一种性格；播下一种性格，收获一种命运。好习惯实际上就是好方法——思想的方法，做事的方法。培养好习惯，即在寻找一种成功的方法。

苏童从小都是班上品学兼优的好学生，没让父母费过一点心思，自尊心特别强的他处处都要拔尖拿优秀。初二的一节体育课却让他有了翻天覆地的变化。踢球的时候一个同学踢了苏童一脚，苏童也不甘示弱地回敬了一拳，体育老师没看到前面发生了什么，直接过来不由分说地给了苏童两巴掌，也不听苏童解释就罚他在烈日下站了一节课。

苏童从小哪受过这样的委屈，一冲动就跑进了学校对面的网吧，自此一发不可收拾。

为了挽救沉迷于网络的儿子，苏童爸爸辞去了银行的优越工作，每天骑着自行车从网吧找儿子，劝不动就打，打急了儿子也还手，父子俩一度大打出手，连小区保安都惊动了。儿子看他的眼神，连邻居看了都觉得心惊肉跳。三年来，苏童爸爸跑遍了全市大小每个网吧，甚至还亲手画了一幅城市网吧地图，看着那张皱皱巴巴磨破了边的特殊地图，没有人不被深深震撼，那图上的一笔一画分明是一根根扎在他心头的针啊。

我们扼腕叹息的同时也应该深深地反思，是不是我们父母的教育出了问题？孩子在自我成长的过程中出现问题，需要的不是严厉的斥责，而是拨乱反正的悉心教育。苏童的父母在苏童的成长过程中，疏忽了孩子心理素质的培养，最终使得苏童在自尊心作祟的强压下走上了厌学避世的道路。

人生的旅途上充满了各式各样的艰难险阻。我们做父母的不可能化身为驱妖降魔的孙悟空，也不可能身披盔甲为孩子在前方披荆斩棘。爱孩子不是给他缠上一层又一层的保护膜，而是学会放手，从小培养他规避风险、独立自主的好习惯。放手也绝不是放纵，而是从旁协助，帮助他插上理想的翅膀，帮助他从内心变得强大，无畏便能增添成就其非凡的勇气与智能。

有一位年轻的母亲，为了两岁多的女儿丢进水池里的一个塑料酸奶盒子，"小题大做"，不但对宝宝循循善诱，说服教育，还想办法借来打捞工具，最终指导孩子将池子里的废塑料盒子捞了出来。这对于成人可能是一件容易的事情，但是对于这样一个小朋友，妈妈却用了半个多小时指导她独立完成。这位妈妈的做法十分难能可贵。宝宝的好习惯的培养不是说说就能养成的事情，必须家长以身作则。一位母亲如何教育孩子、培养孩子，也并不只关系到某一个家庭、某一个孩子的未来，母亲的教育理念，决定的是一个民族文明的发展方向。

日本素来注重培养女性的素质，因为在他们看来，作为孩子的母亲承担着民族未来的教育责任，只有高素质的母亲才能培养出高素质的孩子。日本近几十年的迅速发展也证明了这一点。反观我们国家，有多少母亲还能清楚地知道自己还承担着孩子的启蒙教师的角色呢？这种启蒙，不仅是知识的启蒙，更是公民意识、社会公德的启蒙。

总之，为人父母者，不仅要"养"孩子，给他们应有的生活保障，让他们健康长大，更要注意"育"孩子，给他们良好的教育，让他们有独立的人格、高贵的品格和成为社会有用之人的资格。

别以为有教子经验，就一定能教养好第二个孩子

说起孩子的教育，王磊是信心满满。为什么呢？王磊的孩子已经 5 岁了，想当初那个求书问人的门外汉如今摇身一变成了朋友圈里的"育儿达人"，还洋洋洒洒地写了不少育儿心得呢。如今王磊老婆的肚子又大了，王磊一副轻松自在的样子，对教育好第二个孩子可是信心百倍。

有了教子经验，就真的能教养好第二个孩子吗？

苏静在教育女儿身上费尽心思，女儿从刚会翻身开始就尽显捣蛋本色，隔三岔五地就上演一回"床底找妈妈"。长大后更是无法无天，连幼儿园经验丰富的老师都说："天呢，怎么比男孩子还淘！"为了让女儿能安静下来，夫妇二人更是绞尽脑汁。

直到有一天，女儿在幼儿园里认识了白雪公主，晚上居然要求妈妈给她讲白雪公主的故事，要知道，以前的女儿只要两手沾书立即会将书撕得粉碎。自此以后，无论怎么闹，一旦听说讲故事，女儿终于能安安静静地待着了。夫妻二人总算舒了一口气。

儿子豆豆降生的时候，苏静和丈夫感叹，家里已经有了一个"假小子"如果再来一个真小子，以后屋顶保不准都会被掀开。于是，未雨绸缪的苏静早早地开始培养豆豆的阅读习惯，不让他和院子里的小朋友瞎胡闹。游乐园等乱哄哄的地方也很少带他去。成效很明显，豆豆乖得都让他们感觉不到家里又多了一个孩子。

到了上幼儿园的时候问题就出现了，豆豆的适应期比其他小朋友明显要

长好多。许多小朋友两个星期就基本适应了幼儿园的生活，最久的也才持续一个月，但是豆豆用了两个月，而且即使不哭闹，他也不和小朋友们玩，一个人坐在角落里，手里紧紧地攥着一本书，任凭老师怎么哄都不肯撒手。

苏静突然意识到，儿子是不是太内向了？难道自己在女儿身上积攒的经验都是错误的吗？

生了二胎，本是件值得高兴的事情，很多家长像苏静夫妇一样，都把教育第一胎的经验搬到教育第二胎身上，结果却发现这根本就行不通。

俗话说，龙生九子，各个不同。每个孩子的天性都是独一无二的。家长在平时的生活中要通过点点滴滴观察孩子的天性，教育孩子时一定要因材施教，尊重每个孩子自然的天性，顺应天性去培养，切勿矫枉过正。比如，有些父母发现对老大采用民主的教育方式不管用，就对老二采取专制。

事实上，教育经验是可以借鉴的，不能完全否定，但是借鉴，需要综合思考，短期尝试，合适就用，不合适就一定要换，不能生搬硬套。

秦妈妈是全职妈妈，自从大宝咿咿出生后，她就辞职不干了，专心在家照顾孩子。5年后，小宝呀呀也来到这个家。

今年，小女儿呀呀也上幼儿园小班了，秦妈妈却在琢磨，要不要教她读唐诗、学英语，或者培养点兴趣爱好，是学钢琴呢还是古筝，跳舞还是画画？

姐姐咿咿刚读幼儿园的时候，看着身边的小伙伴都会识字、做算术，秦妈妈也全力以赴给她补课，读唐诗，学英语，还背乘法口诀表。咿咿虽然不愿意，但秦妈妈逼得紧，多少也记住了一些。也有朋友问她，学这么多孩子跟赶场似的不累吗？秦妈妈理直气壮地说："早起的鸟儿有食吃，咱不能输在起跑线上啊。"

现在咿咿念小学三年级了，各科成绩在班里都只有中等水平，特长是跳舞。跳舞是当初秦妈妈最不看好的，但咿咿很喜欢，所以一直坚持到现在，其他的在上了二年级学习吃力的情况下都放弃了。

后来秦妈妈看了一项调研报告：早教在小学一年级上半学期会有优势，但这种优势很短暂，通常只能持续到下半学期。随着年龄的增加，弱势就显现了出来，到了学习后期反而会因当初的过早灌溉显得蓬勃一段时间之后，无法适应后来相比之下显得繁重的课业。

秦妈妈在反省了咿咿的盲目灌溉之后，对于呀呀反而冷静客观了许多。除了坚持让呀呀听看原版的英语童谣外，在再三征求呀呀意见的情况下报了一个古筝班。结果，她明显感觉呀呀更活泼愉快一些。

"以前总觉得有了第一胎的经验，第二胎的教育应该不成问题，现在才发现，很多教育方式都是不能复制的。"秦妈妈说，就像这两姐妹，性格截然不同。姐姐活泼、好动，读书、做作业等很多事情都要人追在后面催呀、骂呀，但她也不在乎，挨批了挨打了，过去了很快就忘了。妹妹安静、乖巧，表面上可以少操点心，其实细腻又敏感，有些小心思要细细揣摩，而且不怎么喜欢运动，不像姐姐跳舞、运动都不错。

"对付大女儿的方法，在小女儿身上几乎完全行不通，真是要因'孩'制宜啊。"秦妈妈感叹。

爸爸妈妈应该意识到，每个孩子都是与众不同的，即便是同　父母所生的两个孩子，就像咿咿、呀呀姐妹俩，她们可以有不同的性格、不同的容貌、不同的兴趣爱好，等等。接受不同就是要尊重他们的不同，区别对待，因材施教。

秦妈妈的教育方法告诉我们，在一个孩子身上行得通的方法并非一定适合另一个，即便他们是手足。父母要学会观察孩子，尤其不要将在长子身上成功的经验盲目地复制到幼子身上。

反过来，爸爸妈妈在教育孩子的过程中也能从孩子身上学到很多东西。父母是和孩子一起成长的，多一个孩子，其实是给父母多一个成长的机会。所以，学习不是一劳永逸的，经验也不是一成不变的。随着孩子年龄的增长，爸爸妈妈一定要与时俱进，不能成为"经验论者"。

🖤 勿将对老大的教育缺憾，弥补在老二的成长中

随着社会的发展，对孩子的素质要求也越来越高，家庭中对独生子女的教育出现了各种各样的问题，让家长们在不断自我反思的同时无不心存遗憾。百年大计，教育为本。孩子的成长是不可逆的，每一个家庭都是希望孩子全面、健康成长，"单独二胎"政策的出台，也许可以让很多家庭都有机会将这种遗憾在老二身上弥补。

晓静从一岁半时就寄居在乡下奶奶家，直到小学一年级才被方妈妈接回家。方妈妈一直对这件事心怀内疚。初来乍到的晓静陌生、害怕、惊惧、躲闪的眼神一直存留在她心里无法抹去。

然而，方妈妈很快就发现晓静和她之间不仅仅是陌生，生活习惯、思维方式、待人接物在很多方面都得重新学。也许时间可以弥补这一切，但是晓静的怯懦却着实让妈妈没有办法。最遗憾的就是，晓静错过了启蒙最好的时期，相比周围的同学略显木讷，学习也跟不上，虽然确实能看得到孩子的努力，但当初无奈的举措却一直让爸爸妈妈心存内疚、备感遗憾。

晓静的弟弟铛铛出生以后，为了更好地照顾晓静和铛铛，妈妈狠狠心辞了工作在家做起了全职太太，尽心竭力地照顾晓静和铛铛，似乎希望把在晓静身上的遗憾在铛铛身上全部弥补回来。

晓静逐渐变得开朗起来，学习成绩也有了进步，并能在妈妈的感召下从一开始对弟弟很冷淡，到一起和妈妈照顾弟弟。方妈妈看着越来越自信的女儿、聪明懂事的儿子觉得自己的牺牲是值得的。

事实上，觉得在第一个孩子身上存有缺憾教育的父母，能够反思之前的教育行为，发现自己的不足，提升家庭的教育理念和行为，是值得大力推崇的。然而还需注意教育理念和行为的合理性和方式方法，能够遵循幼儿身心发展规律进行引导。

李妈妈发现壮壮最近越来越不喜欢弟弟，经常趁爸爸妈妈不注意打弟弟。一开始李妈妈以为是壮壮耍性子，以为弟弟的到来夺走了他的爱，所以李妈妈经常引导壮壮要爱弟弟，因为爸爸妈妈像爱壮壮一样爱着小弟弟，但是这种劝说一直没有成效。李妈妈就把这归结为独生子女性格上的问题，并没有十分放在心上。

有一天，李妈妈去学校接壮壮，老师告诉了她一个小秘密：壮壮最近在学校表现得很烦躁，也不和其他小朋友玩，总是忧心忡忡的。老师问壮壮怎么回事，壮壮说，妈妈爸爸不喜欢我了，妈妈每天都给小弟弟讲故事、放音乐，爸爸总说我不听话，没有小弟弟乖。他们有小弟弟了，不要我了。

李妈妈很自责，觉得有必要找时间好好和壮壮解释解释。自从有了小宝宝，确实是对壮壮没有以前那么关心了。壮壮小的时候自己忙，也没怎么照顾他，是奶奶带大的。这样就出现了孩子自私、独立性弱、依赖性强、宽容度小等问题。所以，小宝出生后爸爸妈妈就比照着壮壮存在的问题对小宝悉心培养。随着小宝越来越听话懂事，壮壮在生活中有意无意就充当了反面教材的角色。

谁料当晚，李妈妈正在厨房忙，就听到壮壮爸爸的咆哮。她冲出来正好看见壮壮爸爸正指着壮壮对小宝说："你可别像你哥！"壮壮含着泪委屈地瞪着爸爸。

妈妈赶紧把壮壮带到房间，搂着壮壮说："你是爸爸妈妈的宝贝，爸爸妈妈爱你，爸爸发火不是故意的。"

"那我小时候你怎么不抱着我讲故事啊！"壮壮哇的一声哭出来，扑在妈妈怀里倾诉自己的担忧和委屈。

那天晚上，妈妈一手搂着壮壮，一手揽着弟弟，妈妈让壮壮读故事给弟弟听。最后她对弟弟说："看哥哥都认识这么多字了，哥哥是不是很棒啊？"看着笑得羞赧的壮壮，妈妈觉得，应该好好和爸爸反思一下，在小宝身上的弥补式教育，是不是不知不觉地伤害了壮壮呢？

父母要树立科学的育儿观，防止偏爱和盲目攀比。夸美纽斯认为："儿童比黄金更为珍贵，但比玻璃还脆弱。"父母在对子女的教育过程中一定要量体裁衣，懂得适度的原则。

对比式教育要不得。在教育老二的过程中，家长千万不能拿大孩子当反面教材，要尽量不说"你要这样做，千万不要像你的姐姐""一定要听话，看哥哥不听话，所以爸爸妈妈不喜欢他"这种比较性的话语，这种语言会让两个孩子心理受到不同程度的伤害。老二自然地在同情老大的同时对父母的言行产生恐惧，害怕父母有一天也不喜欢自己了。老大呢，自尊心会受到强烈的伤害，对父母以及弟弟产生不良情绪。

家长应该实施榜样式引导教育。如："你看哥哥多棒呀，可以自己收拾玩具！""姐姐今天有进步了，我们一起庆祝。"用这种积极、乐观的教育引导，会让两个孩子的家庭教育轻松双赢。这样的教育方式，不仅在老二面前树立起行为的典范，也会让大孩子时刻注意自己的言行，改正不良习惯，竭力维护自己的榜样形象，同时也有利于两个孩子的安定团结。

父母就是家庭中的引导者，引导孩子发现什么是正确的做法，什么是错误的行为。在笔者接触到的孩子中，有很多双胞胎，这些家长会告诉我："其实教育两个孩子没有大家想象的那么累，两个孩子会自己做游戏，而不是缠着父母、要求父母陪着他们玩；孩子们会相互帮助穿衣服、拿东西，等等。我想，只要是家长用科学的教育理念正确引导孩子，孩子的自私、独立性、依赖性、宽容度等问题都会有所变化。"

有了两个孩子后面临的问题很多，有喜有悲。作为教育工作者的我们，要向家长传递科学的教育理念，从家庭教育入手，不断提升教育质量。

❤ 不专断，让第二个孩子勇敢做自己

随着二胎时代的到来，越来越多的家庭将要迎来一个新的成员。第二个孩子可以说是在爸爸妈妈、哥哥姐姐的关注下成长的。有了爸爸妈妈的呵护、哥哥姐姐的指引，第二个孩子的成长之路一定能够一帆风顺吗？

小原是小俊的哥哥。小原是个优秀的孩子，小俊做事总有点笨拙，从小到大，家人更偏爱小原。"小俊，你看哥哥多棒！"爸爸说。妈妈也说："小俊，你要向哥哥学习哦。"

小俊也很喜欢哥哥，哥哥小原也很照顾弟弟小俊，兄弟两个关系一直很好。两个人一块出去玩，小俊也会被冠以小原的弟弟。

渐渐地，小原无论走到哪身后都跟着小俊，大家都亲切地称呼小俊为小跟屁虫。小俊不以为然，一直以哥哥为荣的他经常把"我哥哥"三个字挂在嘴上。

刚开始的时候，小俊会很刻意地模仿哥哥，哥哥说的每句话他都会模仿一遍，甚至是哥哥说话的神态。哥哥做什么他都跟着，哥哥喜欢什么他也表现得很感兴趣的样子。

有一次，哥哥学校组织活动晚上不能回来，小俊一个人在家很无聊，似乎不知道自己应该干什么。妈妈让他下楼去买点菜，他立即局促不安，表现出从未有的恐慌。妈妈很诧异，说你看哥哥是怎么买的。小俊一提到哥哥小原立即神采飞扬，拿起钱跑下楼。过了好久，小俊回来了，却哭丧着脸。妈妈问他："买的菜呢？"小俊的回答是："上次哥哥带我去买菜的那家今天没来。"

妈妈偶然地在小俊的本子上发现一句描了很多遍的话——"我不喜欢篮球"。这让妈妈很震惊，因为小俊几乎天天跟在小原后边去打篮球。

留了心的妈妈很快发现小俊在离开小原的时候，仿佛是断了线的木偶，完全没了章法，遇到问题一定要看哥哥怎么做，否则就手足无措。

小俊之所以这样，完全是因为父母平时在教育的过程中过多地肯定小原，小俊由于自身评价过低、缺乏信心，由此产生出一种消极待事的自卑情绪，从而刻意模仿小原的行为，导致完全迷失了自己。

小俊自卑感的产生，不外乎两个原因：一是由于目标定得过高连遭挫折的打击；二是与他人相比在某些方面存在劣势，以致造成不良的自我暗示等。小俊就是在父母和周围人拿他和小原相比的同时，造成不良的自我暗示从而导致自卑。

家长在教育和培养第二个孩子的时候，不应该把自己的喜好和意愿强加在孩子的身上。孩子就算是同一父母所生，也必然会成长为不同的人，就连双胞胎都不可能完全一样。所以，我们应该尊重孩子的个体特征，不要强迫孩子都成为一样的。很多有两个孩子的家庭里，孩子的性格和兴趣都不同，比如有的稳重，喜欢理科；有的活泼，爱好运动；有的文静，喜欢文学。我们应该尊重孩子的天性。

很多家长可能反驳说自己只是希望孩子向榜样或自己理想中的孩子学习。这没有错，但请反思一下，你是否在日常相处中，把这一点表现过度了，以至于给了孩子过多的压力，导致孩子在期待受挫后，最终迷失了自己。

在教育第二个孩子时，一定要注意引导和专制强迫的尺度。家长要适当降低对孩子的要求。望子成龙的希望没有错，但提出太高的要求，孩子达不到，你再过多地挑剔他这里不好、那里不如别人，无疑会让孩子不知所措。大人们应对孩子的每一成功之处予以发现并做出由衷的赞赏："看，你做得很好！"或者"你真棒！"注意，你的赞赏应该完全是诚恳的，而不是应付的、客套的，更不应该是虚伪的、做作的。

在与孩子相处时，要强化孩子的自我肯定意识。一般不自信的孩子自我肯定往往是脆弱的、飘忽不定的，因而极需要得到外界经常不断的强化。强化孩子的自我肯定，做父母的首先要从内心深处认可孩子，并教孩子学会以自我暗示的方法不断对自己做出正面积极的评价。就拿小俊来说，学会自我肯定的首要目标是：帮助小俊从自己的行为中获得满足和动力。应该让小俊懂得，做该做的事，并且把它做好，这本身就是成功，也是对自己最好的肯定。不一定要做小原的尾巴，喜欢小原喜欢的东西，要从内心发掘自己的想法，并大胆地释放。

当然，自我肯定也应有个度，不要过分鼓励在任何时候、任何情况下都使用自我肯定。要分时间、场合，更要有一定的原则、标准和尺度。

对于那些已经失去自我的第二个孩子，建议家长要帮助和教会他们认清两件事：

一是帮助他们建立信心。当一个人屡遭失败和挫折，他就会怀疑自己的能力，难以自拔，形成自卑感。这就是为什么小俊会刻意模仿小原从而模糊自我。要孩子克服自卑感，父母自己要调整心态，对孩子要有自信心，并把自信心传给孩子。父母不仅要重新定义孩子，还要努力发掘孩子身上的优点，并予以肯定，让孩子知道任何人都有自己的优点和缺点，不管是身体方面还是其他方面，都是这样。父母还应多给孩子讲，许多人都有着自己的缺陷，小原也不是完美的，小俊也有小俊的可爱之处，帮助孩子从心理上克服自卑感，重拾自信，找到自己并完善自我。

二是告诉孩子如何正确看待他人的评价。父母应该帮助孩子明白，对待批评的最好办法便是承认并改正，而不是逃避或刻意地忽略。勇于正视自己的缺点不逃避并改正它，其实是一件非常了不起的事情。

父母在教育孩子的过程中，切忌对自己的两个孩子或者是与其他孩子做对比，虽然挫折能够使人变得坚强，但是没有人愿意遭受挫折和失败，受到更多的欣赏和鼓励，总能够让人更加快乐和积极。尤其对心智尚未成熟的第二个孩子，不要让父母和哥哥或姐姐的压力让第二个孩子迷茫、不知所措、缺乏自信；也不要过多溺爱，让第二个孩子娇弱、没有主见，要让第二个孩子勇敢做自己。

溺爱太过不可，应进行体验引导式教育

很多孩子往往不清楚自己的当下行为会带来什么后果，要不然烧伤科就不会有那么多扑倒热水瓶的小朋友了，而异物的吞食率也不会那么高。这就告诉我们，为人父母不仅要提高警惕，更要坚持教育。建立良好行为的关键在于让孩子明白行为的结果。

那么，如何建立孩子的行为模式，让他们明确行为后果呢？有时候对小孩子进行言语的教导，非但难以达到教育的目的，反倒有可能激起他们的逆反心理，让他们对大人的言语和教导产生反感。你说不行，孩子偏要，于是问题就出来了，这类问题怎么解决呢？那就需要父母在日常生活中进行有效的体验式引导了。那么，什么是体验式引导呢？

在一次聚会中，金戈的妈妈被朋友们评为圈中最不会带孩子的人。

事情是这样的。金妈妈和朋友们聚会，很多人都带着孩子来。服务员在每个人面前摆放了一杯热茶。妈妈们有的反复告诫孩子不能碰面前的杯子；有的则在苦口婆心地解释杯子为什么冒气所以不能动；有的妈妈则赶忙把杯子推得远远的。金戈的妈妈呢？她反而将冒着气的茶杯放在金戈面前，抓起金戈的食指，慢慢地贴了上去。金戈条件反射地立马缩回来。金戈妈妈一脸冷静地问，烫不烫，金戈神色严肃地点点头。

在场的人都说金戈妈妈太过分了，也不怕烫着孩子，真是个狠心的主。金戈妈妈笑了笑没有说话。只是席间金戈一直在提醒妈妈，把那个杯子放远点。

吃饭的时候，别的妈妈都拿着筷子，不停地从桌上为自己的孩子夹菜，小心翼翼害怕弄脏衣服，哄的哄喂的喂，有的还追着满地跑。金妈妈则挑了几个菜放在小碟子里摆在金戈面前就不管不顾地自己吃起来。除了添菜，她压根不理会旁边两岁的金戈把饭菜弄得满身都是，反而不停地赞叹："金戈你吃得真好！"在金戈捏着掉在桌子上的菜喂妈妈时，金妈妈也会立即吃掉，愉快说谢谢。

孩子们吃完饭，玩去了，但闹着闹着就有了矛盾。朵朵跑来告状，说金戈用饮料瓶子砸了她的头。金妈妈拎起瓶子也在金戈脑袋上来了一下。金戈愣住了，咧开嘴大哭。朵朵反而被吓得忘了哭。金妈妈问疼吗？金戈哭着说疼，金戈妈妈把饮料瓶递给金戈说："知道怎么做了吧？玩去吧。"金戈挂着眼泪向朵朵说对不起，眼泪一抹就牵着朵朵的手又去玩了。

聚会尾声，一桌子人趁金妈妈带着金戈去卫生间的空隙，猛烈地抨击了她带孩子的方式，说"太狠心""太暴力""不卫生，属她家孩子弄得最脏""一点都不会带孩子"等。谁知正说着，金妈妈牵着金戈回到席间，金戈已经焕然一新。

散场时，其他妈妈都追着前面的孩子怕他们摔下楼梯，而金戈则跑回来，大喊着："妈妈，前面有楼梯，我保护你！"其他人都乐了，心想："就你还保护你妈？"

可是，金妈妈却连忙迎上去，装作害怕的样子牵起金戈的手，说："谢谢你保护我！"金戈回头对那几个叔叔阿姨说："过马路的时候也要保护妈妈，太危险了！要不然我就没有妈妈了。"

"谢谢我家的小男子汉，谢谢你保护我！"金妈妈调皮地给身后的几个人挤挤眼睛。小金戈昂首阔步，一脸自豪。

金戈妈妈的教育方式虽然不被别的妈妈认同，但是却给我们留下了深刻的印象。而金戈最后的表现却让我们感到惊叹，这怎么是一个两岁的小孩能说出的话呢？其实仔细想想金戈妈妈的教育方式也就不足为怪了。

什么是体验式引导呢？很简单，我相信被暖壶烫伤一次的孩子，很少再会被烫伤第二次，而且对于热、烫一类的东西也会敬而远之。金妈妈主动让金戈感受一下杯子的热度，其实孩子根本不会被烫伤，但是他绝对会自己很注意地对那个杯子敬而远之，这比其他妈妈的嘱咐和讲道理都要来得又快又行之有效。

如果没有被瓶子砸一下，金戈怎么会知道被砸的感觉是很疼的，如果只是让他道歉，很难保证下一次他就不会对其他小朋友动手，也许在他觉得那就像毛茸茸的玩具滑过你的脸的感觉。如果采用直接的体验教育，让他也体会一下同样的滋味，在他的心里就能有轻有重了。妈妈一问该怎么做，不用再费口舌，小金戈立即就向朵朵道歉，而且马上擦干眼泪拉着朵朵去玩。其实孩子并不具备判断自己的行为是对还是错的能力，他们也不会想到自己的行为会对他人造成什么伤害。

太多的妈妈都是一边追着跑着然后抱怨着孩子不会自己吃饭。在妈妈的唠叨声中，孩子们反而会觉得，咦，原来我不会吃饭啊，那只好让妈妈来喂了。家长一定会极力否认，可你在潜意识里不停地在给孩子灌输这样负面的思想。就像有的父母经常谦虚地说："啊，不会吧，我孩子很笨的。"那么，好了，这个孩子潜意识里就会觉得我很笨，而且也会越来越笨。金戈妈妈在目睹了金戈把饭吃得到处都是，即使衣服脏得不像样子了依然会说："你吃得真好！"妈妈们应该从正面积极地引导孩子，而不是一味地给孩子灌输负面思想意识。

孩子有手有脚的怎么就不会吃饭了？妈妈们的理由很简单："哎呀，弄得到处都是了，完了还要洗脸、收拾、换衣服，还不如我直接给他喂省劲。"好吧，我想说你免去了收拾的时间，难怪你会花更多的时间、更大的精力去解决他的吃饭问题。

这让我想起了一则故事：一个孩子很喜欢吃鱼，从小到大妈妈都细心地把鱼刺剔除了给他吃。孩子终于上大学走了，去了一个海滨城市。打回家的第一个电话就是告诉妈妈我今天吃鱼了，好吃极了。妈妈赶忙问，鱼刺扎着你了吗？孩子沉默了片刻对妈妈说，我今天第一次感受到原来在吃鱼的时候小心地用舌尖剔除鱼刺的感觉是这么美妙。有多少妈妈们正在一步步地剥夺着孩子们获得体验的机会，那么多美妙感觉的丧失又把多少孩子挡在了兴趣的门外。而且，这样的妈妈还在怨声载道、叫苦不迭。

当孩子获得成功和赞赏时，就会体验到快乐的感觉，同时大脑会释放出"脑内吗啡"，这种化学物质会驱使孩子想重复这一体验。我们会抱怨现在的孩子不理解大人，不懂得分享，不懂得回报，缺乏责任感，可是在孩子们给你递来自己的水果时有几个妈妈会欣然接受？又有多少妈妈会想到让一个两岁的孩子来保护自己呢？"别跑，小心楼梯！""你还小，让妈妈来！"所以，妈妈们从一开始就拒绝让孩子体验这种成功的喜悦，然后在平常的生活中一直拒绝，这样的后果不就是教会你的孩子自私、不回报、缺乏责任感吗？

"孩子再大，在父母眼里还是孩子"，这句话向我们表达了父母的爱子之心。但也有句话叫"爱得过头了便是害"，如果父母爱孩子，那么就请放开手，让孩子做自己能力范围内的事，多给孩子们一些体验性的引导，还孩子们一片自由的天空。

第九章

希望两个孩子都幸福，这是所有有两个孩子的父母的心声。既然想要孩子幸福，那么你就要给孩子一个能够幸福生活的环境。创造幸福的成长环境，父母是关键，父母要当好孩子的榜样，言传身教。只有这样去做，你才能够给孩子一个良好的成长环境，才会让孩子的童年充满幸福。

ANG

两个孩子能否幸福，根本还在父母

💗 言传身教，父母应做好榜样

大三班的文老师对于新来的木木小朋友非常头疼，这不，就放学这么一会工夫，他又把一个小朋友推倒在地。其实也没什么大事儿，不过是小朋友挡着木木的路了。

这已经是今天第四个被木木弄哭的小孩子了，文老师苦口婆心地说了木木半天，结果木木还是拒不道歉。过了一会儿，木木的爸爸来接木木了，在知道了事情的原委之后，他让木木给小朋友道歉，谁知木木梗着脖子，他爸爸抬起胳膊瞪着木木怒道："信不信我揍你？"文老师看了以后全明白了，因为木木的行为、举止、眼神、语气，和他爸爸如出一辙。

观察一下我们身边的孩子，我们总会发现，有的孩子脾气暴躁，有的孩子坚强忍耐，有的孩子文明懂理，有的孩子胡搅蛮缠。而如果观察一下有两个孩子的家庭，我们又能够发现，两个孩子在性格上或多或少都有些相似。

所谓龙生九子，各不相同。两个同胞的兄弟姐妹，性格为何在小的时候表现出如此的相似呢？原因其实在于他们的生长环境。

孩子的性格塑造与他父母的一言一行密切相关，父母是孩子成长最直观的参照者，因而，对于同胞的兄弟姐妹来说，在成长过程中参照同样的父母，其性格当然是比较趋同了。

有句话叫"父母才是孩子最好的老师"。的确，孩子就像家长的一面镜子一样，你对他笑，他也对你笑；你对他哭，他也对你哭；你对他生气，他也对你生气；你和颜悦色，他也和颜悦色。

孩子们在不知不觉中，通过"照镜子"的方式，"修正"着自己的言行。

家长在孩子面前的一言一行，都要做好表率，这样被孩子"照"进去的才不至于像木木那样，对弱小者挥舞拳头。

记得以前看过这样一则公益广告：第一个镜头是年轻妈妈为自己年迈的妈妈端来水洗脚，镜头一跳，则是一个可爱的小男孩端着一盆水，步履蹒跚地向妈妈走去。我特别喜欢盆子里的水溅到小男孩脸上的那一瞬间，充满了温馨和暖人的感动。这时幕后传来画外音：中华美德，代代相传。

广告中的妈妈用自己的实际行动告诉孩子：善待家人，孝敬父母。没有只言片语，孩子立即从妈妈的行为中感知并且快速行动起来。由此可见，榜样的力量是多么深入人心。作为家长，我们平时在生活中就要特别注意自己的一言一行，用自己的良好行为习惯，"润物细无声"。

倘若我们换一种方法，第一个场景是妈妈拽着孩子的耳朵灌输善待老人、尊敬父母的思想，全然不顾孩子的耳朵已经起了老茧，那么下一个镜头即使孩子打来水帮妈妈洗了脚，也不会带给我们这么多的温馨感悟和心灵震撼了。

人们总是说，孩子是家庭的缩影，是大人的翻版，家里的大人怎么样，孩子就会在潜移默化中跟着去学。由此可见，我们更应该发挥榜样的力量，不断提升自身素质和家庭教育水平，言传身教教孩子，以身作则做父母。

"女儿小的时候，看见我总是忙到深夜。我就告诉她，每天的事情都要做完，不然越堆越多。"企业家李先生说，时间久了，女儿潜意识里就学会不拖拉的好习惯，吃饭前总能把作业写完。"我从小受家庭严厉的教导，成就了如今的事业，我会为孩子做好榜样。"

与李先生截然不同的是一位爱玩游戏的父亲张先生，他儿子经常去网吧玩游戏。身为初中班主任的王老师决定去他家见见家长。到他家的时候，张先生正在聚精会神地打游戏，都顾不得和王老师多说两句话。可见，父母对孩子的影响真的很大。

家庭是个人生命的摇篮，也是教育最重要的基础，在耳濡目染中，父母是孩子的第一任老师，也是其人格成长中最早、最有力的塑造者。父母应该注意个人的言行，给孩子做良好的示范与引导。如果父母在平时的生活中有计划地开支、靠自身的努力赚钱、勤于理财、不好吃懒做，那么，对孩子未来理财观念和能力的培养可以起到相当大的潜移默化作用。

父母在对孩子言传身教的同时，也要不断从孩子身上吸收好的东西，给孩子表达自己的机会，让孩子感受你对他的爱和真诚。

今年高考结束的魏文涛在微博上发了一条消息："以前感觉和爸爸沟通很难，他总是高高在上对我发号施令，绝不允许我有一点不服从。昨天晚饭，从来不允许我沾半滴酒的爸爸竟和我碰了两杯，酒后，我们谈起了自己的理想，突然发现他似乎不是那么苛刻，此时他是那么亲近，就像我的伙伴！"

阿坤家住大冶镇，他和父亲脾气都很暴躁，两人经常吵架，阿坤受不了就去了平顶山打工，过年的时候才回家，他发现父亲不像以前那么爱发脾气了，两人终于说了一句话，父亲就哭了起来。后来，没见他俩吵过一次架。

即便是家里有两个孩子，家长也需要格外注意自己的榜样作用。要知道，孩子都是有比较心态的，你做一个良好的榜样，两个孩子会互相攀比着做好事；你做一个丑恶的榜样，两个孩子则会比着看谁比谁更能捣蛋。

家长们要明白，与孩子的接触，要尽量在一个平等的环境下展开，平等地对待会让家长和孩子成为朋友，孩子遇事就会主动和家长讲心里话。

家长对孩子也要真诚，真诚会让孩子明白父母确实是为他好，也许家长的观点一时他听不懂或接受不了，但在潜移默化中他还是会不断地接受家长正确的观点，而且遇到事情时，他也会想起父母曾对他讲过的话，在实践中理解家长对他的教诲。多陪陪孩子，陪他玩、陪他学习、陪他聊天。真心感谢孩子带给你人生的快乐，真诚地做孩子的朋友。

浸润了过多社会性的父母，其实有时候不妨在孩子身上找找当初的那些美好品质。当发现问题时不要急于给孩子"定罪判刑"，冷静下来追根溯源审视一下自己，想一想自己在这个过程中扮演过什么角色，或者有没有充当过催化剂。

亲子时间少了，但爱不能减

　　小宝今年4岁了，因为爸爸妈妈又要了一个小妹妹，所以照顾小宝的时间自然就少了，平时只能由爷爷奶奶或姥姥帮忙带孩子。可是，等爸爸妈妈周末把小宝领回家之后，却经常发现小宝总是哭闹，不但哄不好，还非常不听话，只有爷爷奶奶说的话孩子才会听。类似这样的事情一再出现在小张夫妻的面前，让他们无比头疼。

　　为什么孩子在爸爸妈妈和爷爷奶奶面前的表现不一样呢？那其实是因为宝宝和爸爸妈妈在一起的时间太短了，每次只有爸妈下班回家那一段时间，有时候爸妈为了自己的事情又不能陪孩子玩到尽兴，这样就会导致孩子很依恋爸妈，他们有时的哭闹和不听话只是想引起父母对他们的关注，吸引父母的注意力。

　　问题找到了，解决起来自然就简单了。作为父母的，如果在照顾小宝宝的时候，每天还能多抽出点时间来全身心地陪大宝宝玩儿上一会儿，你也许就会发现，他们不再在你面前苦恼了，反而会变得很高兴。

　　作为两个孩子的家长，不要觉得大孩子已经长大了，需要迁就小宝宝。要知道，孩子终归是孩子，无论是多大的孩子，都需要父母的关爱。孩子们的健康成长都需要父母贴心的爱护，如果不能够从小宝宝那里抽出点精力，那就放下一些事业上的事情，合理安排一下时间，多陪陪大孩子，就好像我们成家后我们的父母也需要我们时常陪陪他们一样。否则，影响父母和孩子之间的感情不说，也有可能在孩子的心中留下阴影。

　　32岁的陆子航正深陷于苦恼中。他说他只能算家里的一个过客，除了睡觉，平均每天在家时间恐怕只有两小时。即便是天天回家，他也只能做一个一回家就躺下呼呼大睡的男人。对于宝宝来说，根本感觉不到他作为爸爸的存在，早上醒来，人已出去，晚上睡着前，尚未归！

有一天早上，不知道什么原因宝宝早醒，看到妈妈身边的爸爸，居然大哭了起来，问妈妈那个叔叔是谁。妈妈告诉宝宝那是爸爸时，宝宝哭得更厉害了，说："我不要这个爸爸，妈妈你到超市给我买个布偶做爸爸吧！"

宝宝的话让陆子航很揪心。他也有他的无奈，去应酬也是为了多赚钱，是为了能给宝宝创造一个好的条件，能让家人过得更舒适。经过这件事，陆子航决定，再干一阵，换个时间充裕的工作，好好陪陪孩子。

正如一首童谣所唱"爱我你就抱抱我，爱我你就亲亲我，爱我你就陪陪我，爱我你就夸夸我"，孩子需要的是陪伴，胜过任何金钱物质。我相信大多数的妻子也宁愿丈夫少赚点钱，多点时间回来陪陪自己、陪陪宝宝，不要等宝宝长大了，却没有和爸爸在一起成长的记忆！不要等两个人都变老了，却发现彼此没有生活细节的回忆。恍恍惚惚不知时间都去哪了！其实是一件很悲伤的事情。

事实上，有这样一个不一定成立却直击心扉的命题在考问作为父母的我们：孩子一生到底能陪我们多久？

孩子一生能陪我们多久呢？从刚出生时嗷嗷待哺，到孩子两岁开始上亲子班、幼儿园，接着是上小学，这段时间是我们和孩子在一起待得最久的时候。但即便是在这段时间，每天也不过是几个小时罢了，再除去吃饭、睡觉、做作业的时间，剩下的时间就更是微乎其微了，如果是两个孩子，情况还可能更糟糕。

而等到孩子以后读了初中、高中、大学，也许就只能半月或是更久才能见上一面，一年下来能有几天？到毕业后恋爱结婚生子，我们几乎已经失去了孩子在我们身边的时间。

向女士再一次接到学校的电话，儿子在学校目中无人，上课迟到不算还辱骂代课老师。自从转到这所学校，不到两个月的时间这已经是第三次被请上门了。向女士想不明白，为什么一直品学兼优的儿子在近两年内会变得这么无法无天？

班主任许老师也没有难为这对母子，只是将儿子的一篇随笔递给她让她回家好好看看。

对于儿子的行为，向女士有些生气，看了随笔后更多的是伤心，难道父母和孩子之间真的只有金钱才能维系吗？儿子说，自从家里有个小弟弟之后，父母就不怎么在自己身上花时间了，现在长大了一点，父母就更忽略自己了，只有在固定领钱的那几天才能看到行色匆匆的父母，就连那几天有时候也让保姆代劳了。

看着孩子的随笔，向女士问自己：赚再多的钱又有什么用呢？自己是不是给孩子的太少了，更确切地说，是没有尽到一位做母亲的责任。

那天晚上，她终于想通了，她和丈夫商量后决定一个人退出商界，把更多的时间和精力拿来同时照顾两个孩子，陪大儿子的时间更多一些，帮助兄弟俩一起成长。同时她让丈夫不要一门心思地赚钱，她表示钱是赚不完的，适可而止就行了，多抽时间回家陪陪孩子。

你是否也像向女士夫妇那样，把大多数时间用在赚钱上，却忽视了陪伴孩子，等到孩子的情绪、心理出现问题时，才顿悟不能把孩子丢在一边？

你是否觉得孩子太过麻烦，认为孩子不懂事、不理解父母，不知道父母起早贪黑拼命赚钱是为了谁。殊不知，这样会更加使孩子感到委屈和绝望。扪心自问，孩子真的就需要那么多钱吗？那么多钱能买来一个幸福快乐的童年吗？

当然，真正明智的父母从一开始就很重视陪伴孩子，即便家里有两个宝宝也不例外，一样安排好时间，将精力合理分配到两个孩子身上。因为他们深知培养亲子感情有助于孩子健康快乐地成长，对此，他们通常会这样做。

第一，把两个孩子放在一起，一有时间就陪孩子玩耍。

因为第二个孩子忽略大孩子，或者因为事业而忽略孩子，这本质是一样的，都很不利于孩子的成长。教育专家指出，家长的陪伴对孩子的成长有很大的影响，因此，即使事业再忙，家长也要抽出时间来陪孩子。

当孩子在你身边调皮捣蛋的时候，不要恼怒，不要因为精力被分散而生气。此时你应该感到欣喜，对孩子的表现应该给予肯定和赞扬。而且更需要注意的是，家长不要只看孩子玩，最好参与到孩子的游戏中去，这样孩子会表现得更积极，玩得更投入，你和孩子一定会在欢声笑语中度过快乐的时光。

第二，和孩子保持一样的兴趣爱好。

譬如说很多小孩儿都喜欢看课外书，那么家长就应该养成同样的阅读习惯。在孩子很小的时候，你可以捧着连环画、漫画书和孩子一起欣赏，边看边给孩子讲解，这很容易引起孩子与你的共鸣。

而且，在陪孩子阅读的时候，家长还可以顺带教他认字、教他体验生活，和他分享生活中的点滴。当孩子稍大一点儿会认字时，家长还可以让孩子读给你听，以此来培养孩子与人交流的能力。长期这样做，可以很好地培养孩子的阅读兴趣，增加孩子的知识积累。

不过，又限于条件，很多父母确实无法腾出更多的时间陪伴孩子。在这样的情况下，家长也应该约定属于你们的私人时间，譬如出门在外，要经常和孩子通电话、通视频，以此保证和孩子拥有更多的时间，如果是大一点的孩子，家长也可以用书信留言来保持联系。

总的来说，家长与孩子之间就是需要一根纽带，一头是父母，一头是孩子。不要让孩子在孤独等待中陷入黑暗，然后在黑暗中挣扎无法自拔。要让孩子感觉到父母的爱，它不是一句对不起、一件昂贵的小礼物所能代替的，要让父母和孩子之间充满默契，不受时间和距离的影响，这就要求父母要多花点小心思，让爱的感觉像阳光一样照亮孩子那颗稚嫩的童心。

孩子争宠，大人要不偏不倚、公正讲理

　　家里有两个孩子的，常常会被朋友问及更喜欢哪一个？瞅瞅大的，看看小的，不难发现，两双明亮亮的大眼睛，正齐刷刷目不转睛地盯着你。不管你说喜欢谁，对两个孩子都是一种伤害，这个问题本身就是一个很敏感的问题。所以，你应该首先对这个问题表示惊讶，因为你从来没有考虑过这个问题，然后不假思索地告诉他："都喜欢！"

　　即使不被问及，两个孩子的心里都有一面小鼓在敲："妈妈到底是喜欢我们哪一个多一点呢？下午妈妈批评我玩具没有放回位置，是不是就表示不喜欢我了呢？果然，妈妈先帮妹妹洗的澡！我是不是应该做点什么把妈妈吸引过来，试试妈妈到底爱不爱我了？"

　　凡事都有先后，免不了顾此失彼，更何况说者无心听者有意呢！于是，你在给小孩子洗澡的时候，大孩子一刻也不能等地在呼唤你，你跑向大孩子之后，小孩子立即会哇哇大哭，你是否已经在孩子们的伎俩里焦头烂额了呢？面对两个年幼的孩子之间的纷争，父母应该怎样做才能维护好与两个孩子之间的关系呢？

　　第一，不分大小，建立平等互助的关系。

　　爸爸出差回来，给家里的小姐妹带了两件礼物，一个是黄色的发卡，一个是粉色的发卡。礼物拿出来后，小姐妹同时都对粉色的发卡爱不释手。最后，姐姐看了看妹妹，还是拿了黄色的发卡，妹妹当即兴高采烈地对着镜子戴上了发卡，一个劲问大家好看吗，姐姐脸上的笑有一丝牵强，她默默地拿着剩下的发卡回到了自己的房间。

　　当然这一幕没有逃过妈妈的眼睛，妈妈偷偷地对妹妹说，也许姐姐那件橘色的裙子，配这个粉色的发卡会很漂亮，而妹妹那件绿色的小裙子，配那个黄色的发卡最合适不过了。

　　细心的妈妈巧妙地让两个孩子的问题得以解决。一般来说，家里的老大由于总是被赋予责任感，性格容易压抑、孤僻，而小的那个则容易产生依赖的性格。

　　为了避免这两种极端的性格生成，父母不应该总把说"你是老大，要有老大的样子""你是大的应该让着小的"或类似的话挂在嘴边，要尽量淡化他们之间的大小关系，主张以平等为原则。让他们在观念里形成没有大小之分，互助之间没有依赖，只有互助。

　　第二，不强求一致，鼓励个性化发展。

　　兰兰喜欢跳舞，但这在爸爸看来却不是正当的爱好，爸爸非常喜欢绘画，因此他很支持妹妹学画画，并且要求兰兰也必须学画画。爸爸的想法很简单，女孩子家就应该性格内敛一点，画画不仅可以提高她们的气质修养，还可以沉淀一个人的性格。兰兰只好心不在焉地学画画，内心却更加狂热地喜欢着跳舞，时常趁爸爸不在的时候，趴在窗户上练一练学来的动作。

　　最终，妹妹越画越好，参加比赛每每都获奖，而兰兰画来画去始终没有起色，不得不放弃学画，只是突然就觉得和父亲的距离远了起来，尤其是爸爸拿着妹妹的画兴高采烈地对客人们讲解的时候。

　　一般人认为，一笔写不出两个王字，兄弟姐妹之间应该有许多相似性。其实不然，除了外形相似以外，他们有不同的个性和兴趣特长，所以，我们不能要求他们在各方面保持一致，而是鼓励他们应根据各自的性格、爱好给予自由选择、自由发挥的空间。比如，有时让他们根据自己的喜好来挑选自己的衣服、发夹、书包，参加各自喜欢的兴趣班等，父母通过给自主权，提高他们的自我意识，让他们觉得自己在慢慢长大；要做个独立人，不要做另一个人的影子。

　　第三，"一碗水"端平，切勿有失偏颇。

　　赵丽下班回到家的时候，发现家里老人喊小孩哭乱作一团。费了点工夫才把各自的情绪都安抚下去。事情是这样的：下午学校组织参观活动，好长时间不来的奶奶就自作主张想给孩子们一点零花钱，在身上没零钱的情况下偷偷给了哥哥 20 元、妹妹 10 元。下午回到家后，这个事情不知怎么就给败露了。妹妹觉得不公平找奶奶讨说法，奶奶觉得哥哥是大孩子又是男孩子，理应比小丫头片子多给点。妹妹不干了，凭什么我小丫头片子就应该少给，所以就出现了赵丽进门的那一刻。

在两个孩子面前，赵丽首先解释了奶奶没有等额的零钱，并不是存心给谁多谁少。然后她替奶奶向妹妹道歉，说男孩女孩都一样，没有轻重贵贱之分；且为了公平起见，收回哥哥多拿的 10 元。最后，她指出，奶奶出于一片爱意，给两个人零花钱，妹妹不知感激，还和奶奶大吵大闹是不尊重老人，要向奶奶认错。

在处理孩子纠纷之时，大人首先要一碗水端平，要公平公正、不偏袒、不厚此薄彼，不能因为自己的一点小疏忽，给孩子带来负面的感觉。父母要用一颗包容的心，从孩子的高度与角度去理解他们，尊重、保护他们的个性特点，有针对性地进行教育。

第四，适度培养竞争意识，及时鼓励。

两个孩子在一起，自然会产生竞争，这也是良性的发展。比如，用竞赛游戏的形式督促他们吃饭作息等，在规定的时间内比赛完成某项任务等，这些可以帮助他们树立时间观念，提高专注力，并养成良好的行为习惯和学习习惯。

当然竞争也要适度，要以鼓励为主，避免过度竞争加重孩子的心理负担，强化两人之间的"斗争性"。对他们取得每一个小小的进步，都应及时给予鼓励，让他们感受到学习的乐趣，增强自信心。

抚养一双子女需要父母们成倍的精神付出和成倍的经济付出，有时还忙得焦头烂额，当然收获也是成倍的。祝愿所有的父母都能掌握好尺度，教育好孩子。

互相关爱，营造温馨的一家四口

有人说：家是温暖的壳；家是受伤时的"创可贴"；家是父母投资、儿女欠债的地方；家是每一砖每一石都是用爱砌出来的城堡；家是以爱为圆心、一家人手牵手为半径走过的一个圆；家是整个世界在下雪、走进其中却是春天的地方。

家就是两个走累了的人彼此倾心，然后共同搭建的一所房子，用爱来编织梦想的地方。虽然爱情的光芒照得房子很亮堂，但是总觉得要是能再生动一些就更好了。于是他们在周围用心地种了很多花草，可是总觉得有些欠缺。当第一个孩子降生后，整个屋子都动了起来，夫妻之爱、父爱、母爱，爱一波一波地从小屋子里溢出来。孩子渐渐地长大，屋子里的爱源源不断地溢出来，夫妻二人有时甚至担心溢出的爱会把角落里的宝宝推跑。谢天谢地，第二个宝宝降生了，虽然爱还是那么多那么强大，但是看着两个孩子手挽手、肩并肩，他们不再是孤独的小怪物，兄弟姐妹之爱把他们的心底也照得亮堂堂的，然后这四种爱在这所小房子里不断酝酿、升腾，生出别样的温馨。

父母之爱。父亲的爱像大山，沉稳宽厚；母亲的爱像涓涓细流，绵延温婉。父母对子女共同的爱，伴随着孩子的成长，而那种被爱拥抱的感觉，也会让孩子受用一生。

这是西安发生的一个真实的故事。家里起火了，火势很大，等发现的时候火已经燃到卧室冲不出去了。如果没有防盗网的话夫妻两个也就抱着孩子从窗户跳下去了。但是很可惜，在没有退路又打不开防盗网的情况下，夫妻二人把腿伸出窗外肩并肩手挽手地坐在窗户上。火被扑灭的时候人们发现了坐在窗户上的两个人，人已经烧得分不开了，在他们的怀里，人们发现了他们幸存的孩子。这就是父母之爱。

手足之爱。这是一种奇怪而复杂的情感，血浓于水的情感不断上演着。

庄宏泉、庄汇泉兄弟俩出生于内蒙古赤峰市克什克腾旗一户普通的农民家里。4岁那年，兄弟俩突然被查出患有强直性脊柱炎。靠着药物治疗，哥哥庄宏泉慢慢好了起来，可弟弟庄汇泉的病情却日益恶化，9岁时丧失了行走能力。由于无法行走，庄汇泉只好辍学在家，眼巴巴地瞅着哥哥和其他小朋友上学。哥哥庄宏泉心里很不好受，他发誓一定要让弟弟一起上学。12岁时，庄汇泉跳级和哥哥进入了同一个班级。从那以后，庄宏泉就承担起了照顾弟弟的任务，每天背着弟弟上学，一背就是8年多。

赵林立是一个事业有成的老板，六年前和王玉结婚。双方父母都是做生意的，虽然没有感情基础但是也算门当户对。有了女儿后，夫妻两人日子也算过得美满。

如果没有那个叫赵玉梅的女人出现，也许赵林立的小日子就这么一直过下去了。赵林立是个热心人，知道生意伙伴赵玉梅离婚后，时不时地就帮一把，毕竟一个女人带着个孩子生活不容易。

谁知，本来很纯粹的帮助渐渐却变了味道。赵林立回味着在赵玉梅家的所见，心想："多么干净整洁的家啊，连灯光都这么暖人、这么温馨。丰盛的饭菜，柔和的灯光，赵玉梅的女儿开心地讲述着学校里发生的有趣的事情，欢笑声不停地在屋子里荡漾，这才是家的感觉呀！"想想自己那个凌乱不堪的家，老婆王玉一吃饭就打开电视看韩剧，饭桌上充斥着呵斥女儿的声音，他就头疼起来。

赵林立下定决心和老婆摊牌要离婚。老婆的各种吵闹，以及父母的斥责，都没有动摇赵林立"换个老婆换个活法"的决心。

王玉最终同意离婚，条件就是等她肚里的孩子出生以后。原来，他的妻子王玉一直知道赵林立想要个儿子，所以一直为此而努力。答应离婚时，王玉已经怀孕三个月了，赵林立自己竟然一点也不知道。赵林立只有在那一刻是自责的，但马上就被能和心爱的人生活在一起的喜悦冲得无影无踪，况且和心爱的人也能生第二个孩子。

六个月的时候，妻子肿得像变了一个人，到医院一查，居然是双胞胎。赵林立傻了，但是依然给赵玉梅发信息："亲爱的，等我。"

生产时，王玉难产，经过两个小时的手术才生出孩子。看着虚弱的妻子、婴儿车上酣睡的两个孩子，5岁的女儿正好奇地趴在那目不转睛地盯着两个小家伙。

赵林立跑到楼下找了个没人的地方痛哭了一场，然后拿出手机给赵玉梅发短信："对不起，我是三个孩子的爸爸了。"他揉了揉鼻子，向病房走去，那里有需要照顾一生的妻子，还有两个嗷嗷待哺的小家伙。

这故事虽小，却形象地阐述了家是什么。其实家很简单，对于此刻的赵林立来说，家就是责任与担当，就是照顾此刻虚弱的妻子，给自己的三个孩子营造一个温馨幸福的家。一个温馨幸福的家需要家里的每一个成员用爱编织，用行动证明，共同营造。

我们想要第二胎，绝不仅仅是想给自己多一个宝宝这么简单，我们要的是一个完整而温馨的家庭，要的是一个孩子可以健康成长的生活环境，在兄弟姐妹互帮互助、互相关爱的氛围中，要的是让孩子能够感受到成长的乐趣。而只有保证每个家庭成员之间都能够和睦地生活在一起，我们才能够真正实现我们的夙愿。